自由に働くための

仕事のルール

父がわたしに教えてくれなかったこと

はじめに

想定外の妊娠、介護。
それでもあなたにいてほしいと言われるには？

女性には、結婚・妊娠・出産・育児・介護など、多くのライフイベントが待ち受けています。望んでいたものもあれば、望んでいなかった想定外の出来事として起こるものもありますが、いずれにせよ、産休や育休を取ったり、時短勤務などで仕事をスローダウンしなくてはならなくなります。

そうした中で、キャリアアップをしていくには、**「前倒し」でキャリアを進めることが、もっとも有効**です。これは、キャリアアップに成功した多くの女性マネジメントの方々へのヒアリングと私自身の経験から言えることです。

「前倒しキャリア」とは、簡単に言えば、同期よりも先に、経験もスキルも身につけておく、ということです。たとえば、三年分前倒しでキャリアを作っておけば、二年の産休・育休をとって会社に戻ってきても、同期よりも一年分のアドバンテージさえ残っていることになるので、後れをとらずにすみます。

たとえば妊娠は、子どもをほしいと思ったときにはなかなかできず、「え!? なぜ今？」というときであることが珍しくなく、同じく親族の介護も、前々から予知できていれば態勢を整えることができますが、ある日突然ガンが発覚し、手術を繰り返して、介護生活に……ということも十分考えられるわけです。

そのときに、自分が勤めている会社や顧客から、「それでもあなたに仕事をしてほしい」「ぜひ戻ってきてほしい」と言ってもらえるかどうかは、その前にどれだけのキャリアを積んでいるか、どれだけ信頼を築いているかにかかっています。転職や独立ができるかも同様です。

それには、「前倒し」でキャリアを作っていくしかありません。

前倒しでキャリアを作るには、**社内外で通用するスキルを若いうちにできるだけたくさん身につける経験をする**必要があります。それらが何かを定義し、どうやったら早く身につけられるかを考え、行動に移していく。それが、ステップアップを目指す女性に必要なことです。

仕事に必要な三つのスキルセット

仕事には、ポータブル・スキル、テクニカル・スキル、スタンスが必要だと言われています。

❶ ポータブル・スキル

業界や職種を超えて、どんな仕事でも必ず求められるスキルで、次の三つの領域に分けられます。

・対他人力　コミュニケーションに関するスキル
・対自分力　モチベーション、忍耐力、持続力など自分をコントロールするスキル
・対課題力　分析力、計画力、実行力など仕事の処理に関するスキル

❷ テクニカル・スキル

特定の業界や職種で必要なスキル。

❸ スタンス

仕事をするための基本的な考え方や価値観。

この三つの中で、もっとも重要なのが、ポータブル・スキルです。

文字通り、業種や職種を問わずに持ち運びできるスキルで、このポータブル・スキルさえ身につけていれば、より自分の能力を生かせる会社への転職や、育休明けなどの突然の部署異動でも人材価値を十分に発揮できます。

このスキルが高くないと、組織の中で活躍することはできないとさえ言われています。どれだけテクニカル・スキルが高くても、ポータブル・スキルが身についていなければ、ビジネスで勝ち残っていくことはできないと言っても過言ではありません。

ポータブル・スキルは時代が変化して、ツールや環境が変わっても色褪せることなく、生涯使えるので、身につけて損はありません。

本書では、このポータブル・スキルについて、具体的にはどのようなものであり、どのようにして習得していくことができるのかをご紹介いたします。

私の経験してきたことが、何か一つでもみなさまのお役に立てば幸いです。

自由に働くための仕事のルール

もくじ

第2章
ポータブル・スキル❷ 対自分力

自由に働くためのセルフマネジメントスキル

第3章

ポータブル・スキル❸ 対課題力

自由に働くための ワンランク上のビジネススキル

本書は、日経ビジネスオンラインの連載「秋山ゆかりの女性キャリアアップ論」（二〇一四年三月〜二〇一七年九月）を、大幅加筆・再編集したものです。

守秘義務の観点から、事案の内容や設定の一部を改変させていただいているところがあります。

参考文献に関しては原文を参照していますが、和訳があるものは和訳タイトルを文中に記載しております。なお、ＵＲＬは、二〇一八年三月末日時点のものです。

第1章

ポータブル・スキル❶　対他人力

自由に働くための
コミュニケーションスキル

他者を取りまとめてチームを作ったり、リーダーシップを発揮する力のことを「対他人力」と言います。いわゆるコミュニケーションスキルです。

リーダーシップを発揮するには、この「対他人力」が必要になってきますが、この章では、リーダー、ならびにリーダーを目指す人に特に重要と思われる次の4つの力を取り上げます。

1 部下のモチベーションをアップする力
2 根回し力
3 会議を仕切る力
4 多様性のあるチームをマネジメントする力

コミュニケーションスキル1

部下のモチベーションをアップする力

仕事を進めていくときに不可欠なのが、チームを動かす力です。自分一人でできる仕事は限られています。チームを動かしてはじめて、大きな仕事を完成させることができます。

そして、人に動いてもらうときに大事なのは、〝モチベーション〟。ここに異議を唱える人は、いないでしょう。

私が仕事にモチベーションが大事だと気づいたのは、はじめて上司が変わったときのこと。自分の働きたいという気持ちがどんどんしぼんでいってしまったのです。

「上司が変わるだけでこんなに働きにくくなるんだ⁉」と感じました。毎日、起きて会社に行くのも嫌になっていき、チームの人と話をしていてもすぐにみんなが上司の批判をするので、ますます嫌になり……という悪循環にはまりました。

この悪循環から脱出するために、「なんで自分がこんな気持ちになるのだろう？」と、いろいろな本を読んだり、先輩に相談したりしていく中で、モチベーションは、仕事の内容だけでなく、環境にもよるのだと知りました。今でもときおり読み返すフレデリック・ハーズバーグの『仕事と人間性』（東洋経済新報社、一九六八年）には、次のように書かれています。

仕事への満足感は、達成、承認、仕事自体、責任、成長といった「仕事の内容」に関係していて、仕事の不満感は、会社の政策と経営、監督者との関係や、給与、作業条件、対人関係といった「仕事の環境」に関係する。

モチベーションを上げ、維持していくには、仕事の内容だけでなく、「仕事の環境」も整備していく必要があるのだと意識するようになりました。

その後、上司の立場となった私が、部下のモチベーションアップを考えるときに大事にしているのは、「チームに対して」と「個人に対して」の二つの側面です。順にお話ししていきます。

チームへのコミュニケーションは、「フェア・プロセス」の原則を守る

ＩＴエンジニアとして勤務していた二十代、月一〇〇時間以上の残業が続き、体力的にも気力的にも「もう限界」と思う日々が続きました。

上司に相談をしても「上がそう決めたから納期は変えられない」とか「仕事がさばけないのは本人の問題」と相談にも乗ってもらえず、毎週数日は、クライアント先に泊まりこむ状態から抜け出せませんでした。体調が悪くなるだけでなく、やる気もどんどん落ちていき、とてもつらい思いをしました。

「なぜ納期が変えられないのか？」「そもそもどういういきさつで会社はこのシステムを受注し、そして、チームメンバーを選定したのか？」「私は頭数合わせにメンバーに入ったのか、それとも何か期待されて入ったのか？」など、何もわからないままで、目の前の仕事を一生懸命こなしていく日々がむなしくなりました。

自分では毎日、できることを一生懸命やっているつもりだったけれども、「プロジェクトが

思うように進展していない」という、通り一遍の説明だけで、上司から私個人の評価も「上げられない」と言われ、評価自体にも納得していませんでした。この環境では自分は幸せになれないと、社内の先輩方に相談しまくり、組織から離れることを画策していました。

このことがきっかけの一つとなって転職することで、組織から離れ、新しい環境を手にしたのですが、過去を振り返ると、いつもあのブラックな働き方はいったい何のためになったのだろうと、残念な気持ちになります。

こんな経験をしたからこそ、自分がマネジャーになったときには、チームに対して、結果だけでなくプロセスについてもきちんと説明しようと思っていました。

後に、『ダイヤモンド・ハーバード・ビジネス・レビュー（二〇〇三年四月号）』で「フェア・プロセス：信頼を積み上げるマネジメント」（W・チャン・キム、レネ・モボルニュ著）＊について読んだときに、「まさにこの考え方だ！」と、自分のチームマネジメントに取り入れました。

＊原文　“Fair Process: Managing in the Knowledge Economy”, Harvard Business Review（二〇〇三年一月号）
URL:https://hbr.org/2003/01/fair-process-managing-in-the-knowledge-economy

すなわち、**結果だけでなくプロセスも共有する**「フェア・プロセス」という考え方です。

「フェア・プロセス」では、**経営者が組織の意思決定に対するプロセスを従業員に公平に伝えるだけでなく、従業員の考えや意見にも耳を傾けます。**

従業員個人が持つ知性や人間性を尊重することで、信頼とコミットメントを築き、自発的な協力を生み出すという考え方なのです。

意思決定の背景・プロセス・そのことによる影響を丁寧に説明する

チームの目標の共有はもちろんのこと、メンバーに影響がある意思決定に関しては、チームミーティング等で背景を説明します。このときに、意思決定が起きる前から、こういう意思決定をすることになるだろうという点も踏まえて、話をしています。

たとえば、評価指標を変えるときには、評価指標をなぜ変えるのか、どうやって変えていくのか、そのプロセスにそれぞれ従業員はどうやったら参加できるのかを何度も繰り返し伝えることで、評価指標を変えるということについて、すべてのメンバーに知ってもらいました。

そして、評価指標を変えていく中で、メンバーや関係者にヒアリングを重ねました。採用できる意見は採用し、採用できないものは、なぜ今採用できないかをきちんと伝え、そのプロセスもできるだけオープンにした上で、進めていきました。

どこまで進んでいるのかは、必ず部門のミーティングでシェアをすることで、全メンバーに伝えることを意識しました。新しい評価指標が決まったときに、指標が変わると、どのようなプラス・マイナスの影響を受けるのかを説明しました。

このように、

- **何度も同じ話をする**
- **結果だけでなくプロセスも透明性を持って伝える**
- **意見はどのタイミングでも言えるようにする**
- **こちらからも聞く**

などの姿勢を保つことによって、「フェア・プロセス」を実行するのです。

個人へのコミュニケーションは、まず質よりも量

以上のように、チームにおけるコミュニケーションでは、すべてのチームメンバーに対して、結果だけでなくプロセスも共有する「フェア・プロセス」を大事にしていますが、個人に対しては、まず**質よりも量を優先**しています。

これは、個々人を知らなければ、その人に対して最適なコミュニケーションの内容に進化させていくことができないからです。よく知らない人に悩んでいることを話してくれることはほとんどないでしょう。

だから、まず相手を知る。相手を知るには、この人は自分の敵ではないと認識してもらい、そして、味方になるかもしれない人だと感じてもらえるように、**接点を増やす**しかありません。

だから、質よりも量を優先しています。とにかく、挨拶を欠かさない、「仕事はどう？」と

声をかける、いい仕事をしていると聞けば「がんばっているね、ありがとう」と伝えるのです。ちょっとこの人が気になるな、体調が悪いのかな、何か困っているのかななど、ひっかかれば、ランチに誘ったり、お茶に誘ったりして、会話量を増やしていきます。

こうして話をしていく中で、その人は何に関心があるのか、どんなことに悩んでいるのか、など、その人に対する情報を蓄積していき、それに合わせて、コミュニケーションの内容を充実させていきます。

自分ですべてやらなくても、チーム全員でチームを動かしていけばいい

チームに対して、そして個人に対して、チームのモチベーションアップのために、私なりに気を使ってはいますが、私はものすごく人のモチベーションを上げるのが得意な人かというと、そうではありません。実際、「秋山さんみたいになんでもできる人に言われても響かない」と、よく部下から言われてきました。

人をよく観察はしていて、異変に気づくことは多くとも、適切なフォローが得意かというと、ストレートに「困ったことあったの？」と聞いてしまうタイプです。変化球を投げながらコミュニケーションを図るというのは性格に合わないのです。

自分が得意でないことはわかっています。だから、自分で部下全員のモチベーションを上げようなんて思っていません。**自分よりももっとそれが得意な人に相談し、サポートしてもらう**ことのほうが多いです。

私にできるのは、すべてのメンバーとのコミュニケーション量を増やし、「あれ、おかしいな」と気づくこと。気づいたことを、適切な人に相談し、チーム全体がうまくいくようにフォローすることです。

自分一人でチームを動かしていくのではなく、**チーム全員でチームを動かしていけばいい。**

誰が上とか誰が下とかではなく、できる人がチームのために動いていきたいと思うチームになるようにすればいい。

そのために、人のちょっとした変化に気づいたり、必要な人にサポートを入れたりするほか、

「この人に相談すれば、多くのことは解決の方向に向かっていくに違いない」と思ってもらえるように動くことです。

そして、**なんでも完璧にできなければならないなどと思わないこと。**

それより、「**自分ができることは何か？**」を考えて、**その回答を軸に、自分らしい部下のモチベーションアップ法を身につけていく**ことだと思います。

部下のモチベーションをアップする力
ここがポイント！

❶ 結果だけでなく、プロセスもメンバーと共有する「フェア・プロセス」を行う
❷ 個人のモチベーションアップは、質より量のコミュニケーションで
❸ 自分一人でではなく、チーム全体で、チームを動かしていく

コミュニケーションスキル２

根回し力

部門長になって気づかされた「根回し」の重要性

一般に根回しというと、ネガティブなイメージを持つ人が多いようです。男女を問わずそういう傾向がありますが、特に女性の場合は、根回しをするのが嫌、もしくはその方法を知らないために、あえて避ける傾向が見られるようです。

けれども、**「根回し」は、業務を進めていく上で極めて重要なプロセスです。**

極端な話をすれば、**根回しなしで、新規事業などを提案したり、事業を改善しようと考えるなどナンセンス、**と言っていいでしょう。

もちろん、根回しなしで、まっさらな状態から提案して、上の理解を得て、勝ち取っていけるケースもなくはありません。ただ、どうしてもその事業を成功させたいなら、より成功確率を高くしようと考え、事前に準備を進めるのが自然です。

詳しくは後述しますが、根回しはネガティブなものではありませんし、必要悪ですらないのです。

欧米では、根回しは「Consensus Building」という一つの研究テーマにもなっています。

フランスやシンガポールにキャンパスをおくＩＮＳＥＡＤ《インシアード》をはじめとした欧米ビジネススクールの研究では、「組織の中で、女性のほうが男性よりも交渉相手の情報を持っている量が少ない」という結果が出ています。

特に、男性が多い組織では、女性は正式なルート以外からの情報を入手できていないケースがあります。これが、適切な根回しにつながらない理由の一つになっています。そのような背景から、「女性は根回しが下手」と言われるわけです。

ここでは、読者が自身の根回しについて、適切に行えているのか、自分で考えるきっかけとなるように、私が使っている根回しのプロセスとそれぞれのシーンで使うテクニックをご紹介します。

私も二十代の頃は、根回しという行為に対して、「自分の意見を通すために人を操る」というマイナスのイメージを持っていました。

ですから、基本的に根回しはしませんでした。やっていたことは、どうしても反対されたくない議題に対して、会議に出席する直属の上司や、周りの同僚に事前に説明しておく程度でした。それでも、二十代では小さな案件しか扱っていませんでしたから、そのやり方で壁にぶつかることはありませんでした。

しかし、昇進し、部門長となって全社に影響が出るような案件や金額が大きい案件を扱うようになると、自分のやり方が間違っていると気づかされる出来事が何度かありました。

外資系メーカーで、ある買収案件を手がけていたときのことです。

案件を役員会にかける前に、役員全員に事前説明に行きました。説明した際、誰からも大きく反対されなかったため、根回し完了と思っていました。

しかし、役員会当日、常務からの猛反対を受け、常務派だった人たちも反対に回ったため、半年以上かけて準備してきた案件が流れました。

私は、「事前にちゃんと話しておいたのに、なんでよ？」と憤り、そのまま社長に直談判に行きました。そうしたら、「相手の立場で物事を考えてみろっ！」と逆に社長から叱られました。

根回しとは、相手の立場に立って考える「思いやり」

いったい何が問題だったのかを、先輩や元上司やメンターに相談をしてみたものの、どうもはっきりしません。もやもやしながら仕事をしていた数ヵ月後、別の案件が役員会を通らなかったため、社長室に呼ばれました。

「役員会の前にちゃんと根回ししろ。できないならクビにする」と宣告されました。さらに、「だから、お前は思いやりがないって言われるんだ」というフィードバックも受けました。

それまで、会社からの評価で、思いやりがないなどと言われたことはなかったので、「なんでそんなこと言われるの？」と、ビックリしてしまいました。すぐに社長に「根回しと思いやり」の件について聞こうとしたのですが、忙しいからと社長室から追い出されることに……。

そこで、懇意にしていた引退された前役員に相談に行きました。数ヵ月前から起きていることを説明したところ、「まさかこんなことを説明しないとわからないとはね」と苦笑いされながら、そこで「正しい根回しのやり方」があることを教わりました。それは次のようなことです。

根回しで一番大事なのは、相手の立場に立って物事を考えることです。

自分が提案しようとしていることが、どのようなデメリットを生むのか、そのデメリットをどうやったら解消できるのかを考えた上で、**自分の提案を相手にとって、損のない話として理解してもらい、賛同してもらうこと**――。

相手を窮地に立たせない。それが仕事を円滑に進めていく上で大切なことで、それができないと、「相手を思いやる気持ちがない人＝ビジネス・パートナーにはなれない人」と見なされる、それが前役員の教えでした。

そのときに、「君はゴルフもタバコもやらないから、いろいろと情報が入ってこないのかもしれないけど、やらないならやらないなりに、入手方法を考えたほうがいいよ」とアドバイスもいただきました。なお、ゴルフなどをしない女性がいかにして情報を仕入れるかについては、一一〇ページからの「社内情報収集力」で詳しく紹介します。

そもそも「根回し」とは？

そもそも根回しとは何なのでしょうか？

『世界大百科事典』（平凡社）によると、根回しとは、「正式の交渉や会議に先立って、これを円滑かつ有利に運ぶため、非公式な場で、通常個別的に、説得や妥協を通じて事前に合意形成を図る政治技術をいい、下工作ともいう」とあります。

このように、一般には、政治的な動きの要素が強調されがちです。

しかし、私は「**仕事を円滑に進めていく上で関係者の合意形成を図り、職場に不必要な波風を立たせないコミュニケーションスキル**」ととらえています。

二十代の頃、私がやっていた「会議の参加者に、事前に説明をする」のは、根回しの第一歩ではありますが、効果のある根回し、理想的な根回しとはほど遠いものでした。反対されないように、事前に相手に伝えておくだけでは不十分なのです。

・相手がどんな意図を持っているのか、そして相手の気持ち、立場などいろいろな要素を考えた上で、**合意形成をはかろうという自主性を自分自身で持つ**
・その上で、**誰に対して、どういう順番で、何を話すのか**を考える
・そのために、**自分は相手のことをどれだけ理解しているのか、知らないなら誰に聞けばいいのか**、などをきちんと考える
・そうして、**会社の方向性と自分の通したいことをブレさせず、関係者に納得してもらう**形で合意を得る

それが、真に効率的な根回しなのです。

言い換えると、根回しとはまさに、「相手への思いやりの行為」にほかなりません。

普段の人づき合いでもそうですが、**ただ自分の言いたいことだけを伝えれば相手の賛同が得られるわけではありません。相手の気持ち、立場を考えた上で、行動する**ことが大切です。

根回しのプロセス

とはいえ、精神論だけで話されても困るという人もいるでしょう。そこで、ここからは、具体的な根回しの手順を見ていきます。

まずは、次の基本プロセスをマスターし、その後は、自分なりにカスタマイズしていくといいでしょう。

❶ 根回しの目的・手順・根回しに必要な人数を決める

❷ シナリオを作り、接触する

❸ 合意が取れない人へのアプローチ方法を探し、合意に至らせる

この三つのステップの中で適切なテクニックを使うと、相手を思いやる根回しができるようになります。そして、会議の場でいたずらに潰されなくなります。

❶ 根回しの目的・手順・根回しに必要な人数を決める

たとえば、「会議で、全会一致で可決する」「過半数で可決する」「決議はとらないが反対意見が出ないようにする」など、**何を目的としているのか**を定義します。

次に、目的を達成するために、**誰に根回しするのか具体名を挙げます**。

全会一致であればそこに出てくる全員、及びその全員の意思決定に影響のあるキーパーソン。過半数でいいならば、確実に賛成に回ってくれる人の名前です。

また、反対に回りそうな人の派閥を考え、反対派でも交渉しておいたほうがいい人がいるかどうかを考え、名前をリスト化します（図表1）。

図表1 根回し対象者リスト

コンタクト優先順位	1	2	3
賛成派	○		賛成寄りだが 意見保留中
反対派		○	
部署	営業部	法務部	経営企画部
役職	執行役員	本部長	本部長
名前	C	D	E
インフルエンサー	常務執行役 B	社長 A	社長 A
メリット	営業部にとって 売上拡大の 場となる	なし	なし
デメリット	営業企画部に新しい プロセスを導入する コスト		
メモ	直接根回し	間接根回し ＋タテの根回し	・直接根回し ・海外出張で 長期不在予定予定

※上記は架空の人物・企業であり、実在の人物・団体とは一切関係ありません。

名前をリスト化した後、**コンタクトをする優先順位**を振ります。

根回しをはじめると、自分が動いていることが人にも伝わります。

優先順位を決めるのは、意思決定のカギとなる人に、自分が言う前にほかの人から話が耳に入っていると、正しく話が伝わっていなかったり、相手が不愉快に思ったりするなど、マイナス面が大きいからです。優先順位で、根回しをしにいく順序が決まります。


優先順位をつける際に私が使っているのは図表2の〝重要度×緊急度〟のマトリックスです。

優先順位が高い人から会っていきます。

緊急度については、その人のスケジュールを考慮して、海外出張などが入っていれば、その期間はコンタクトがとれないので緊急度がアップします。

重要度が高い人ほど、直接会うことを考えます。


その後、それぞれの人について、自分が提案しようとしている内容との利害関係を考えながら、メリット、デメリット、その人に影響力を持っている人などを書き出していきます。

そして、その人に根回しするときには、直接根回しをしたほうがいいのか、それとも、反対に回るだろうから、間接的な手段をとって、その人に大きな影響力を持っている人に根回しをしたらいいのかなども考えます。

このように考えながら、図表1をまとめていくのです。

❷ シナリオを作り、接触する

❶で作った表をベースに、実際にアプローチします。その際に必要なのはシナリオです。**相手が思い浮かべるデメリットを打ち消すことができるかがカギ**となります。

図表2 “重要度×緊急度マトリックス”による根回し対象者の優先順位づけ

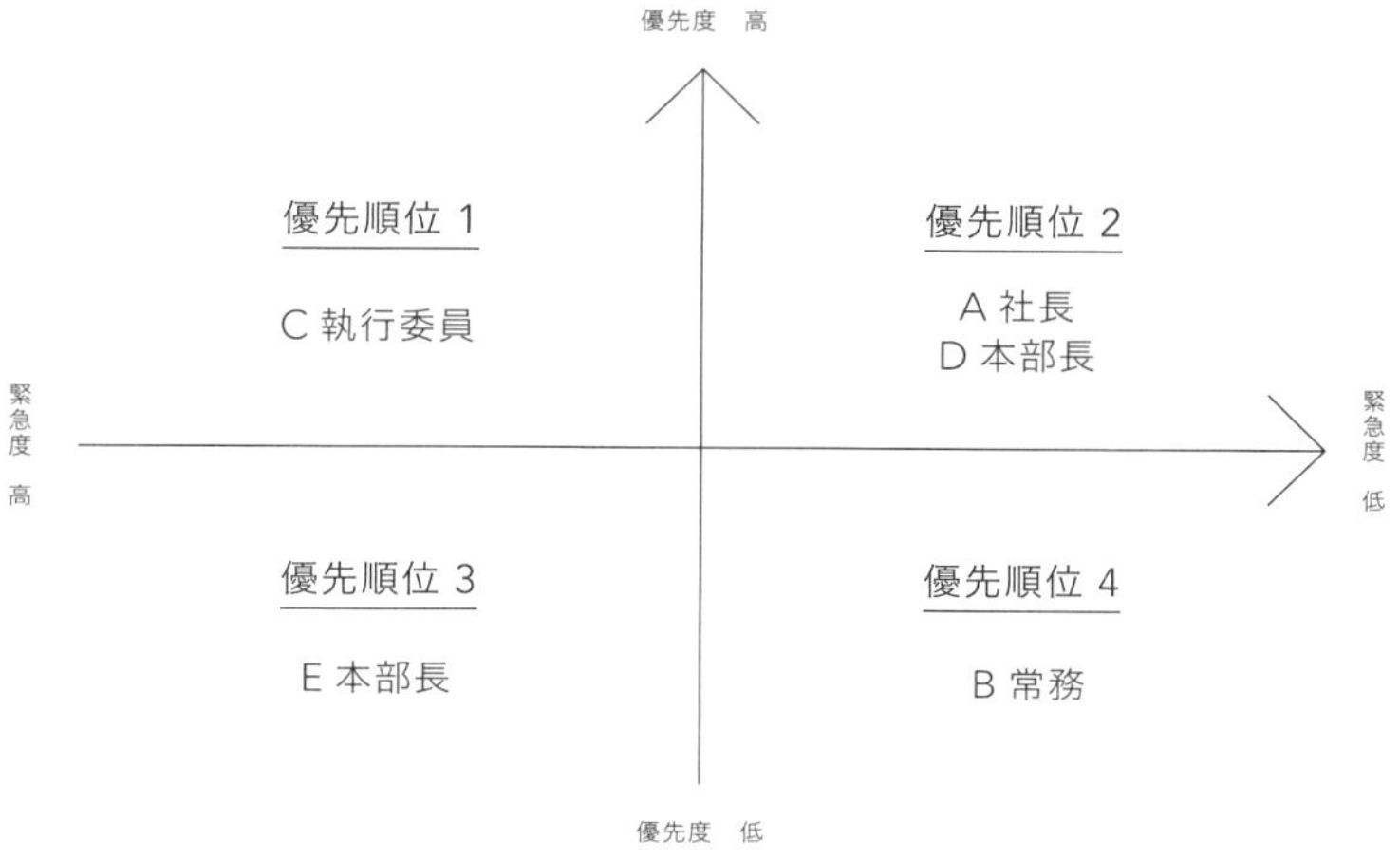

※上記は架空の人物・企業であり、実在の人物・団体とは一切関係ありません。

「あなたにとってのデメリットをしっかりと考えた上でお話ししています」というスタンスを見せること。そして、相手が考えるデメリットがデメリットではないこと、あるいはどうやって解消するのかを提示しましょう。

デメリットを完全に打ち消すことができないと最初からわかっている場合は、メリットの訴求を行います。

メリットがデメリットよりもはるかに大きい場合、賛成に回ってくれる可能性が高いからです。ただ、最初からメリットのみを説明されると、「こちらのことを考えていない」とマイナスな感情を抱かれやすくなるので、相手のデメリットがわかっているという点はしっかり伝えましょう。

メリットを訴求する場合は説得のフレームワークとして有名なFABE《ファブ》を使います。

1. **Feature：特徴**
2. **Advantage：利点**

3. Benefit：利益

4. Evidence：証拠

FABEの使い方としては、まず、自分が話している内容についての機能などの客観的事実、つまり〝特徴〟を説明した後、それの〝利点〟を伝えます。

そして、それがもたらす相手への〝メリット（利益）〟を説明した後、最初に話した特徴・利点・利益を証明する〝根拠（証拠）〟を提示します。

時間がない場合は、BEFAの順で先にメリットと根拠を話すと、エレベータートークとしても使えます。

一回目の接触で確実に合意が取れる人は、一回で合意を取ってしまいます。合意が取れなさそうな、特に反対派の人には、接触しながら感触を探ります。

課題は完全に解決できなくとも、回避できれば十分というケースもありますので、解決なのか、回避なのかも、一回目の接触の際に考えるポイントになります。

❸ 合意が取れない人へのアプローチ方法を探し、合意に至らせる

なかなか合意が取れない相手へのアプローチ方法は三つあります。

a. 相手が話を聞く人に根回しを依頼する
b. 個別ではなく、全員に一斉に根回しをする
c. 味方を増やし、相手を孤立させ受け入れさせる

aは、相手に影響力を持っている人に対して根回しを依頼し、その人から説得してもらう方法です。

影響力を持っている人は、先ほど作った図表1にリストアップしていますので、その人に相談してみましょう。

影響力を持つ人の利害についても分析し、アプローチをする際は事前にシナリオを作ってみてください。

ｂは、二十～三十人以上の規模の特定グループに対して根回しをする場合、全員にメールの一斉送信による通知などで一斉に根回しをするというやり方です。

これは、反対意見を持つ人が数名程度であることをあらかじめ想定できる場合に有効な方法です。

全員に対して一斉に送っているので、よほど嫌な（あるいは暇がありすぎる）場合を除き、反対意見が出にくくなり、全員に対して同じタイミングで根回しをしたという証拠にもなります。

ｃは、役員会など、小規模で濃い人間関係のグループで、どうしても反対者が出ていて、その人の意見を直接・間接的にすぐにはなかなか変えられない場合に使う手法です。

その人以外の人間を全員味方につけ、一人だけ孤立させてしまいます。そうすることで、心理的なプレッシャーがかかり、説得しやすくなります。

ただし、人間関係にひびが入りますし、相手から恨まれる可能性もありますので、できれば避けたいテクニックです。

根回しをしたら、フォローアップを忘れずに

根回しは、実行したら「はい、終わり」というものではありません。

特にデメリットを感じて反対派だった人、反対から賛成に意見を変えてくれた人たちに対しては、その後も彼らに脅威を与えていないものだとコミュニケーションを取り続けることが大事です。

後日意見が変わり、反対派に回ることを回避するためにも、そして、お互いがいいビジネス・パートナーであり続けるためにも、**定期的なフォローアップは不可欠**です。

根回し力
ここがポイント！

❶ 根回しは、仕事を円滑に進めていく上で、関係者の合意形成を図り、職場に不必要な波風を立たせないコミュニケーションスキル

❷ 一人ひとりの立場に立って、相手を窮地に陥らせない思いやりが重要

❸ 根回しの三つのプロセス
1 根回しの目的、手順、根回しに必要な人数を決める
2 シナリオを作り、接触する
アプローチの優先順位が非常に重要
重要度×緊急度のマトリックスを用いる
3 合意が取れない人へのアプローチ方法を探し、合意に至らせる

❹ 後日のために、根回し後のフォローアップを忘れない

コミュニケーションスキル3

会議を仕切る力

最近、久しぶりに不毛な会議に出席しました。

一つ目の会議は、ある企業の「来年度の部の方針についてのディスカッション」というもので、一年半ほど前に部門長に昇進した女性管理職が主催でした。

私はオブザーバーとして出てほしいと、その会社の常務から強く頼まれて出席しました。事前に詳しい情報をもらえなかったので、どうなるのかと心配していたのですが、悪い勘は当たりました。

会議がはじまるとすぐに、女性部門長が「今日はお集まりいただきありがとうございます。来年度の部の方針を決めなくてはいけないので、みなさんの意見を出してください」と、出席者に発言を促します。

しかし、**資料が何も用意されていない**ので、出席していた二十数名は顔を見合わせます。困ったマネジャーの一人が、「今年度までの状況を説明のうえ、部門長ご自身がどう考えているか、まず聞かせてください」と声を上げました。

すると、部門長は、「私にはよくわからないんです。去年は、人が作ったのをそのままやっていたわけですし……」と消え入りそうな声で言うではありませんか。その後、「みなさんがどうしたいかを聞いてプランにしますので、各チームから意見を出してください」と再度発言を促しました。

会議は二時間近く続き、各チームのマネジャーを中心にいろいろな意見が出てきましたが、どれも中途半端な説明や議論にとどまり、結局、実現できそうなプランは一つも出てきませんでした。

その中で「こういうのを軸に据えてはどうですか?」と提案をする人もいたのですが、女性部門長は「**持ち帰って検討してみます**」**と言うだけで、その場では何も決めませんでした。**

結局、二時間をほぼ無駄にした会議でした。

同じ週に出た別の企業の女性マネジャーから依頼された会議は、「秋山さんの仕事のために、どうしても知り合いとお引き合わせしたい」という趣旨で設定されました。

私の仕事のどういう領域についてお話ししたらよいのか事前に聞いてみたのですが、「何も用意しないで大丈夫です」と言うばかりなので、プロフィールを一枚の紙にまとめたものを用意して出かけて行きました。

そうしたら、その会社の新商品開発のアイデア出しの会議でした。

アイデア出しのための事前準備がほとんど何もされておらず、呼ばれた人は最近観た映画の話だったり、最近買ったストッキングの話だったりと、いわゆる女子のランチ会状態。ブレインストーミングとはほど遠い、ただのおしゃべりで終わりました。

女性マネジャーは〝会議の仕切り〟が苦手？

この両方の会議に共通していたのは、女性のマネジャーが主催だったことです。「男性だったらこういう会議のやり方をしたのかなぁ？」と疑問に思いました。

もちろん、男性の会議のファシリテーターでダメダメな例も数多く見てきましたし、上手に会議を仕切る女性も多くいます。ただ、私のこれまでの経験から言うと、しっかりとトレーニングを受けているか、自分でよほど注意している人以外は、男性のほうが会議の仕切りはうまい例が多いと感じます。

次の通り、女性マネジャーが失敗する典型的な会議での振る舞いは、挙げればきりがありません。

・目的をはっきり言わない
・自分の意見を一方的に言う
・意見を求めてアクションをまとめない
・とりとめのない話で終わる
・簡単な話をだらだらと説明する

・批判的な意見が出ると感情的に振る舞う
・威厳を見せようと威圧的な態度で臨む

実際、脳科学の領域で、男女の脳の構造の違いを解明する研究は進んでおり、情報処理方法などに違いがあるそうです。

科学的根拠がどこまであるかはわかりませんが、**一般的に男性は、物事を論理的・体系的に理解する傾向が強いのに対して、女性は感性重視で、共感し、理解・納得する傾向が強い**と言われています。

それゆえ、全体像をとらえ、目的地にたどりつくための場を仕切る必要のある会議のファシリテーションは、女性はあまり得意ではないというわけです。

もちろん個人差が大きいものですので、女性だから論理的ではないということにはけっしてなりません。

ただ、一般的にそう見られる傾向がありますので、そう見られないように気をつけることは、マイナスにはならないでしょう。

私は、今でこそロジックが強くて、男性っぽいと言われますが、二十代に勤めていたコンサルティング会社では、無駄におしゃべりで、感情的で、話がよく飛ぶ〝典型的な女性タイプ〟だと言われたものです。

その頃、上司から男女のマネジメントスタイルの違いを指摘され、徹底的に鍛え直されました。

男性が多いビジネスの場において、気をつけなければいけない作法があることを知らされ、「自分が今どう動いているのかよく考えて仕事をしろっ！」と、上司に指摘されたものです。そうやって、女性マネジャーとして、やっていける方法を身につけていったのです。

そこでこの項では、「だから女性の管理職はダメなんだ！」と言われないために、会議ファシリテーションの基礎スキルについてご紹介します。

会議のファシリテーションの基礎スキル

ポイントは、大きく三つあります。

❶ **議論の出発地点と目的を明確にして、共有すること**

❷ **目的地点に到達するために、会議で話し合うべき「論点」を設定すること**

❸ **会議中に発言を引き出し、議論が発散してきたらまとめる**

この三つに注意しながら、会議の準備、そして会議を進行することで、確実に会議の効率や議論の密度は上がります。以下、詳しく見ていきましょう。

議論の出発地点と目的地点を明確にし、念入りに仕込む

会議は自分の意見をただ言う場所ではありません。また、人から意見を単にもらう場所でも

ありません。このため、「**論点をはっきりさせ、達成したい目的を明確にする**」ことが極めて重要になります。

そのためには、次のようなことを考えて、会議をファシリテーションするための〝**全体像**〟**を事前にきっちりとつかんでおく**必要があります。いわば「**仕込み**」です。

・参加者を誰にするか
・参加者からどういう発言を引き出したいか
・どういう対立が起こりうるか
・そのためにどんな事前資料の準備や根回しが必要か

今は、スマホがあるから現地で調べればいいやという方もいるかもしれませんが、海外出張に行くときに、お客さま先のオフィスのある地図も持たずに、現地の情報を何も調べずに行く人はほとんどいないでしょう。

事前に安全情報を調べ、現地の地図で大まかな場所を調べて、無事にたどりつけるように詳細まで調べていく方が多いのではないでしょうか。万が一、何か起きた場合を考え、旅行保険に入り、日本大使館の連絡先などを準備していきませんか？

会議もまったく同じです。**会議をうまく仕切るために、議論の出発地点と目的地点を明確にし、その場で出てくる発言や対立などの障害を想定し、それらをどうやって乗り越えるか。自分の頭の中に地図を作っておく**のです。

そして、**議論の出発地点と到達地点がどこなのか、事前に出席者に共有します**。出席者が問題意識を持っていない場合、「なんでこれをいきなり議論するの？」と思われる可能性があるためです。

問題意識の解釈については、参加者それぞれで違うので、**参加者の顔を思い浮かべながら、出発地点を理解してもらうための背景情報や事前の根回しが必要です**（根回しについては、この前の項の「根回し力」をご覧ください）。

男性は、議論の全体像と、その中で今どのステップを話しているかを気にします。これは、狩りを主としていた時代から、脳の空間認識能力をフル活用していたことに起因するようです。会議の途中で「今は、このテーマのこの部分について議論しているんだよね」と確認する男性を見たことがある人も多いと思います。

これに対し、女性は〝共感〟を大事にするため、とりとめのない話をしがちです。日本でもベストセラーとなったアラン・ピーズ、バーバラ・ピーズ著の『話を聞かない男、地図が読めない女――男脳・女脳が「謎」を解く』（主婦の友社、二〇〇〇年）にも書かれていますが、女性は脳の構造上、一日六〇〇〇～八〇〇〇語以上の言葉を発しなければストレスが溜まるそうです。

つまり、**男性が多い会議では、男性が気にする「全体像の提示と、全体像の中での現在地を考える」ことを意識する**必要があるわけです。

議論の出発地点と到達地点を伝えたら、それを達成するのに、どのくらいの議論の時間が必要か、どういう論点が必要かを考え、会議のファシリテーションを計画していきます。

論点をどうやって作るか？

次は、「**会議の論点**」の**設定**です。

いろいろなやり方があると思いますが、私は「5W2H」で考えています。ほかにもさまざまなフレームワークがあるでしょうが、結局のところ、みながわかるフレームワークを使うのが効率的です。

問題の場面設定となる「いつ、どこで、誰が」

・When：いつの時点で問題なのか？
・Where：どこで、どんな場面で問題なのか？
・Who：誰が誰に対して問題なのか？

問題と対策を明確化する「何を、どうする」

・What：何が問題なのか？
・How：どうやって解決するのか？

背景・理由となる「なぜ、いくらで」
・Why：なぜそうなっているのか？
・How much：いくらかかっているのか？

これに答えることで、論点の設定ができます。そして、会議での議論の抜け漏れを防ぐことができます。

論点の設定に関しては、ロジカル・シンキング（論理的思考）の本などがいろいろと出ているので、あまり得意ではないと感じている方は、ぜひ、それらを読んで勉強してください。お勧めは、バーバラ・ミント著の『考える技術・書く技術――問題解決力を伸ばすピラミッド原則』（ダイヤモンド社、一九九九年）や照屋華子・岡田恵子著の『ロジカル・シンキング――論理的な思考と構成のスキル』（東洋経済新報社、二〇〇一年）です。

私も二十代の頃、「感情的で論理的ではない」とよく言われたため、通勤の電車内でロジック・ツリーを作る練習を毎日続けたものです。

いくつかのフレームワークをマスターし、ロジック・ツリーが使えるようになるだけでも、ロジックに強くなれます。

会議で議論をどうさばくか？

私がもっとも苦労したのは、会議中に発言を引き出したり、議論が発散してきたところをまとめ直したりする「議論のさばき方」でした。

議論をさばくには、大きく四つのポイントがあります。順に見ていきましょう。

❶ 発言を引き出す
❷ 発言を共有する
❸ 議論を方向づける
❹ 結論を出し、アクションに落とす

❶ 発言を引き出す▼そのための質問を用意する

相手が会議の目的を理解し、自分から発言してくれる人であれば自由に話してもらえばいいのですが、そうでないときは、**あらかじめいくつかの質問を用意しておくとよいでしょう。**

そうでないと、行き当たりばったりの会議になってしまい、結局ほしいものが引き出せずに終わってしまいます。

参加者の顔を思い浮かべながら、**この人からどんな発言を引き出したいか考えて、質問を用意します。**

このとき、よく知らない参加者がいるときには、事前に同期・部下・上司に尋ねたり、経歴をたどりながら、どんなことを考えそうかを推論しておきます。

質問は、ＹＥＳ／ＮＯで答えられないものであること、本音と建て前を見極められるものであることなどを考えて質問を作っていくのです。

❷ 発言を共有する

そして、引き出した発言をまとめて、みなと共有します。

たとえば、アメリカ人とインド人と中国人が議論している場で、「この点は三国に共通で、この部分は全員がミッションとして共有できますね」と、いったん共有した後に、アクションプランをまとめていくのです。

このように、**発言を共有するというプロセスは、文化的背景が異なるメンバーによって構成されるグローバルな環境で会議をする場合は不可欠なステップ**ですが、日本人同士でも、お互いのバックグラウンドが違うと認識のレベルが異なり、同じ意味にとらえられていない可能性が非常に高くなりますので、やはりこのステップが必要です。

「○○さんは、××とおっしゃいましたが……」という一言でもいいので、まとめて共有し、理解されているかどうかの反応を見ます。

❸ 議論を方向づける

議論をさばく際に、もっとも気を使うべきは「**最終的にどういう結論を出したいか**」という点です。

結論を出すために、もっと議論を深めたほうがいいのか、それとももっと広げて議論したほうがいいのか、あるいは、その議論自体をやめたほうがいいのか、それを決めて、会議をその方向に持っていきます。

たとえば、新商品開発のアイデア出しのときに、同じ領域でアイデアがたくさん出ていたら、あえて別の領域にまで広げたほうがいいかもしれません。反対に、同じ領域の中でポイントを絞って、製品化を具体的にイメージできるところまで深掘りしたほうがいいかもしれません。どちらの方向に議論を持っていくのか、結論を考えながら方向づけます。

❹ 結論を出し、アクションに落とす

最後に、結論を出し、アクションに落とします。

大切なポイントは、**議論の「到達地点」にたどりついているか否かを確認すること**。毎回必ず到達地点にたどりつくことはないかもしれませんが、どこまで達しているかをはっきりさせることは重要です。

会議の後は、**参加者それぞれが、いつまでに、何をしなければいけないか**を明確にします。そして、会議終了直後に、**決まったこととしてメモを回します**。一日以内に出すのがベターで、私は数時間以内に出すようにしています。

そして、次回の会議では、全体像を説明した上で、**前回どこまで議論が進み、何が決まったかを先に伝え、**それを踏まえて、それぞれが「宿題」を発言し、議論を次の段階に発展させます。

このように、全体像をはっきりとさせ、論点を明確にして、そして、目的を達成するために議論をさばいていくやり方を身につけることで、男性が多い会議の場でも、女性の管理者として見劣りのしないファシリテーションができるようになります。

会議を仕切る力
ここがポイント！

❶ ロジックを磨き、会議の仕切り方を学んで、女性に対する先入観を打破する
❷ 会議で重要なのは、メンバーの選定と論点や達成したい目的の明確化
❸ 会議のさばき方で重要なのは、発言を促すための質問を仕込んでおくことと、結論を出し、アクションプランに落として、終えること

コミュニケーションスキル4

多様性のあるチームをマネジメントする力

チームマネジメントのスキルについては、リーダーに必須のスキルとして、さまざまな本で取り上げられていますが、これからの時代に必要なのはダイバーシティ、つまり、国籍や男女を問わず多様な働き方を希望する人たちのマネジメントです。

私は、幸いにも（！）、アジア、中東、アフリカと、さまざまな国で、多国籍チームのマネジメントに関わり、破綻した企業の再生や変革プロジェクトを担当する機会に恵まれてきました。

その経験から、多様なバックグラウンドを持つメンバーのマネジメントにおいて、実際のところ、「ここがキモ！」と考えるポイントを六つに絞ってご紹介します。

多様性のあるチームのリーダーに求められること

多様性というのは、英語で言えば「ダイバーシティ」なのですが、なぜここでダイバーシティという言葉を用いないかといえば、本来、「多様性のある」という意味であったその言葉が、イコール「女性活用」を示す言葉として用いられてきてしまったからです。

現在、多様性のある人材というのは、具体的には、**外国籍の人**、**時短労働者**、**ワーキングマザー**、**単身赴任中の伴侶がいる人**、**介護中の人**、**障がいのある人など**、多様な働き方をする人材のことを表すのが一般的です。欧米では、ここにLGBTの人材も含まれます。そうした人材をより積極的に活用していくことが求められているのです。

では、そうしたチームとそのリーダーには、どんなことが求められるのでしょうか？

❶ サーバント（支援型）・リーダーとして、傾聴力を磨く

多様な人材のマネジメントには、旧来の支配型リーダーではなく、「相手に奉仕し、その後

相手を導く」リーダーシップ・スタイルを持つ人をマネジャーとするのが不可欠です。

ＮＰＯ法人日本サーバント・リーダーシップ協会によると、サーバント・リーダーシップには、次の十の特性があるそうです。

一、傾聴　二、共感　三、癒し　四、気づき　五、納得　六、概念化

七、先見力　八、執事役　九、人々の成長への関与　十、コミュニティづくり

この中で、多様性のマネジメントへの変革をするときに重要となるのが、傾聴です。**一人ひとりの状況を丁寧に聞き、それぞれが結果を出すためにもっとも効果的にかつ協調的に仕事ができるよう支援することです。**

あなたが、マネジャーに選ばれた場合は、サーバント・リーダーシップを学び、特に傾聴力を身につけることに努めることが必要です。

そして、このサーバント・リーダーシップは、ほかのタイプのリーダーシップと比べて、女性が比較的得意とするものですので（あくまでも一般論で、個人差はありますが）、多様性の

あるチームのマネジメントの必要性が高まる今後は、女性にとっては、有利な状況になってきたとも言えるでしょう。

❷ チームに、「変わらないとまずい」という危機意識を醸成する

現在、企業が積極的に多様な人材を活用しようとしているのは、政策や世論の圧力によるものだけではありません。競争環境が大きく変わり、顧客である消費者の層と、価値観、行動が大きく変わっている中、従来の均質な集団による従来型の戦略では成長が難しくなってきているからです。さまざまな側面における組織の変革が求められているのです。

そんな中での急先鋒ともいえる多様性のあるチームを任されたからには、まず、チームメンバーに、危機感を持ってもらわなければなりません。危機感を持っていないチームで仕事のプロセスを劇的に変えるのは非常に難しいことです。

すでに「うちの会社はこのままではまずい」と思っている人が半数以上いるチームであれば、変えること、変わることに自らチャレンジしてくれます。

❸ チームのキーパーソンを含めた三分の一の人を変えていく

とはいえ、チームメンバーの全員にそれまでにない危機感を醸成したり、行動スタイルを変えることは、一般的には不可能です。そういう場合、どうするかというと、まずは、三分の一を変えていくことを目標とするのです。ただし、その中には、キーパーソンとなるメンバーを含んでいなければなりません。

この三分の一はもともと素養のある人たちです。残りの三分の一は、ロールモデルとなる同僚ができることで、時間をかければ変わっていきます。残念ながら残りの三分の一は完全に変わることは難しいのですが、周囲が変わっていくことで、本人も変わらなければいけないという危機感が持てれば、数年ぐらいで変わっていくでしょう。もちろん、辞めていくことで組織からいなくなるケースもあります。

いずれにせよ、**全員がすぐには変わらない、変わるために時間をかけて働きかけていく必要がある**、ということを理解している必要があります。

そして、危機意識を持っている人が少ない場合は、チームの半分以上にどうやったら危機意識を持ってもらえるようになるか、その芽を持っている人はいないかという点でチームを見てください。

❹ 透明性が高く、納得がいく評価を行う

多様性のあるチームでは特に、透明性のある評価基準が求められます。評価基準全体を変えることは、マネジャークラスの権限では難しいでしょうが、現在の評価基準に基づいて、マネジャーとしての評価を行う際は、特に、公正性、透明性に留意してください。

どうしても、現在の評価基準が現状にそぐわないと思う場合は、上長に相談し、改訂を提案することです。

❺ 組織内で活躍するためのキャリアパスを示す

評価とともに考えたいのが、**組織内で活躍するためのキャリアパスを示すこと**です。

一つのキャリアパスだけでなく、専門職から総合職へ、総合職から専門職へと異動できるさ

まざまなキャリアパスがあることを知らせます。

そして、本人の望むキャリアのために必要なスキルを示すことで、**ライフイベントを見据えて、一時的にスローダウンできる部署への異動や、子育てや介護が終わったタイミングでパワフルに働ける部署へ異動する**など、キャリアを描きやすくなります。

もちろん、この場合も、現状、キャリアパスがどうしても描けない仕組みとなっている場合は、上長に相談し、改訂を提案することです。

こうして評価基準と働く人のキャリアパスを踏まえた上で、マネジャーは現場のスタッフと向き合います。要は、チーム一人ひとりのニーズをつかみ、対応していくのです。

とても時間と労力のかかる作業ですが、評価に合わせて、本人のキャリアについても議論することで、どこにハードルがあるのか、どんなスキルをつけ、何を経験していかなければならないかを前向きに議論していけます。

❻ 次のリーダーを育てる

リーダーの重要なミッションの一つは、次のリーダーを育てることです。これは、もっとも小さなチームのリーダーから社長まで、すべての階層のリーダーに共通する任務です。

これまで挙げた五点に留意してチーム運営をしながら、早い段階から、次のリーダーに誰がなれそうかを意識しましょう。

具体的には、❷と❸で挙げた危機意識を持っている最初の三分の一に含まれる人である場合が多いでしょう。

一般には、一人のマネジャーが全員の話をしっかりと聞いて、きちんとフォローできる人数は、有能なリーダーで十名、一般的なレベルの人なら六～八名とされます。したがって、チームメンバーが十人を超える場合は、二つのチームに分けて、サブリーダーを任命する必要が出てくるでしょう。

このサブリーダーを指導しながら、次のリーダーへと育成していくことになります。もし、サブリーダーを指名する必要がないサイズのチームであっても、自分の後任となる人材を育成する目的で、「この人を次のリーダーとして育てよう」と決めてください。

育成のポイントは、従来のリーダーではなく、サーバント・リーダーを育成することです。もっとも大切なのが、リーダーとして求められていることを明確に理解してもらうこと。リーダーは仕事の「やり方」を示すのではなく、業務がスムーズに進むようにサポートし、メンバーを動機づけ、障害を克服する際に伴走する人であると、腹落ちするようなリーダー像を見せることです。

メンバーの日々の業務をマイクロマネジメントするのではなく、メンバーそれぞれの能力をどのように開発していくのか、メンバーの能力が発揮されるようなフィードバックをし、メンバーが効果的にコラボレーションできるような場を作るために、傾聴、対話、コミュニティの形成などを積極的に行うように指導します。傾聴やコーチングの研修も効果的に使えるでしょう。

このように、多様な人材のマネジメントに求められるのは、一人ひとりの状況やニーズを詳しく聞いていき、チームのゴールをどのように達成していくのか、ビジネス・プロセス変革、リソース配分、評価を適切に行えるマネジャーとしての能力です。

多様性のあるチームをマネジメントする力

ここがポイント！

❶ 多様性のあるチームのマネジャーは、サーバント（支援型）・リーダーシップタイプであることが重要

❷ 多様性のあるチームでは、公正な評価とキャリアパスを明示できることが重要で、それが変革が求められる経営状況下におけるメンバーのモチベーションアップの要ともなる

❸ そのためには、一人ひとりの状況やニーズをよく聞きつつ、チームのゴール達成にその能力を生かしていくことが必要となる

ポータブル・スキル❶　対他人力のまとめ

この章では、多くの対他人力ポータブル・スキルの中から、仕事を進めていく上で私が大切だと感じている四つのコミュニケーションスキルについて紹介しました。

1　部下のモチベーションをアップする力

2　根回し力

3　会議を仕切る力

4　多様性のあるチームをマネジメントする力

私も完全にマスターしているとは思っていません。常に進化させていくものだと思っています。

いずれもすぐに身につくスキルではありません。自分の仕事にどのようなスキルが必要なのか、まず考えてみてください。そして、優先順位をつけながら、必要なものから順に、急がなくてもいいけれど確実に、磨いていってもらえればと思います。

第2章

ポータブル・スキル❷　対自分力

自由に働くための
セルフマネジメントスキル

対自分力とは、自分のモチベーションを高めながら忍耐力を持って仕事に取り組む持続力ともいうべき力で、仕事を進めていく上で不可欠なスキルです。本章では次の3つの力を取り上げます。

1 タイムマネジメント力
2 セルフコントロール力
3 孤独と向き合う力

セルフマネジメントスキルー

タイムマネジメント力

時間管理で余裕を生み出す

すべての人が平等に持っているもの。それは、一日二十四時間という時間です。

私が二十代半ばに真剣に自分のキャリアを考えたときに、もっとも足りないと思ったスキルの一つがタイムマネジメントでした。

そこから約二十年。タイムマネジメントを意識し、自分から見て「時間の使い方がうまいな」と思う人からテクニックを盗み、自分の生活に生かしていくことで、納得する時間の使い方ができるようになってきていると思います。

ときに、自分の思い通りにいかなくなることももちろんあります。そのときに重要なのは、自分がおぼれていることに気づけるかどうかということ。

おぼれていることに気づきさえすれば、いったん立ち止まり、「考える」時間をとって、立て直しのためにいつもやっているステップを根気強くやっていけばいいだけです。

どんなにおぼれていても、ステップを踏めばちゃんと立て直せることがわかっていることが、私の何よりの強みとなっています。

私が時間の使い方で意識していることは、二つ。

一つは、**目的意識を持って時間を使うこと**。もう一つは、**突発的なトラブルでも対処できるようにスケジュールにバッファーを持っておくこと**です。特に、**時間の余白を作っておくこと**に、とても神経を使っています。

時間にコントロールされるのではなく、自分が時間をコントロールする

時間に追われるようになると、スケジュールをこなすだけでいっぱいになってしまって、自

分が時間をコントロールしているという感覚がなくなっていきます。

そこで、「私は何を大事にしていて、そのためにきちんと時間を使っているか？」を自分に問いかけ、常に自分の軸を明確にして、それに基づいて時間を使えているかを見ています。


たとえば、私は出産後六週で仕事に復帰しましたが、これは自分で望んで復帰したというよりは、仕事にどうしても戻らざるを得なくなって、復帰を前倒しししたからです。

赤ちゃんとの生活に慣れるよりも前にばたばたと仕事に戻ったこともあり、自分が思い描いていたような子どもとの時間が過ごせず、産後の体の不調と重なったこともあって、気持ちがずいぶんと追い詰められた時期があります。

同じ保育園に預けているお母さんたちは、みんな働いているのに、午後四時すぎには子どものお迎えに来ている。でも、私は四時に迎えに行ったら仕事は終わらない。娘がぽつんと一人でいる姿を見て、自分はどうすべきか悩みました。そこで、こう決意しました。

「母親としての時間も大事にしたい。仕事の時間も大事にしたい。でも、私は一人しかいない。どういう時間の使い方をすれば、子どもも私もハッピーになれるだろうか？　私なりの軸を決めよう」

ほかの人がどういう時間配分で仕事と育児を両立しているのか？

私が知らない、子どもとの時間の過ごし方はいったい何か？

「時間」という切り口でリサーチをはじめました。そして、そこから、自分はどういう過ごし方をすればハッピーになるのか、図表3のように具体的に落とし込んでいきました。

仕事や家事・育児でいつも行っていることを、「絶対にやりたい」ことと「妥協できる」ことに振り分けて、さらにそれを、自分で時間をコントロールすることができるかどうかで分けました。

保育園のお迎えは、「絶対やりたい」ことであり、かつ「コントロール不可能」なものだったので、自分が時間をコントロールできるものは、お迎えの時間に影響しないようにズラしました。こうして、徐々に働く時間帯を変えて、仕事と育児のバランスを取ることができるようになったのです。

「なんだかうまくいっていない」と悩んだ時期から、二ヵ月で「ある程度コントロールできるようになった」という感覚を持てるようになってきて、半年もすると、「こういう働き方がベスト。さらに満足度を上げるには、どこをどう変えていこうか？」と進化させる余裕も出てきます。

このようにして、誰かに振り回されるのではなく自分が決めて自分主体で動ける感覚が持てるようになると、ぐっと満足度がアップします。

自分でタイムマネジメントができるスキルが身につけば、仕事のどんな局面においても、自分で自分を無駄に翻弄《ほんろう》しなくてすむようになります。

図表3 時間コントロールのマトリックスによる仕事・家事・育児の優先順位づけ

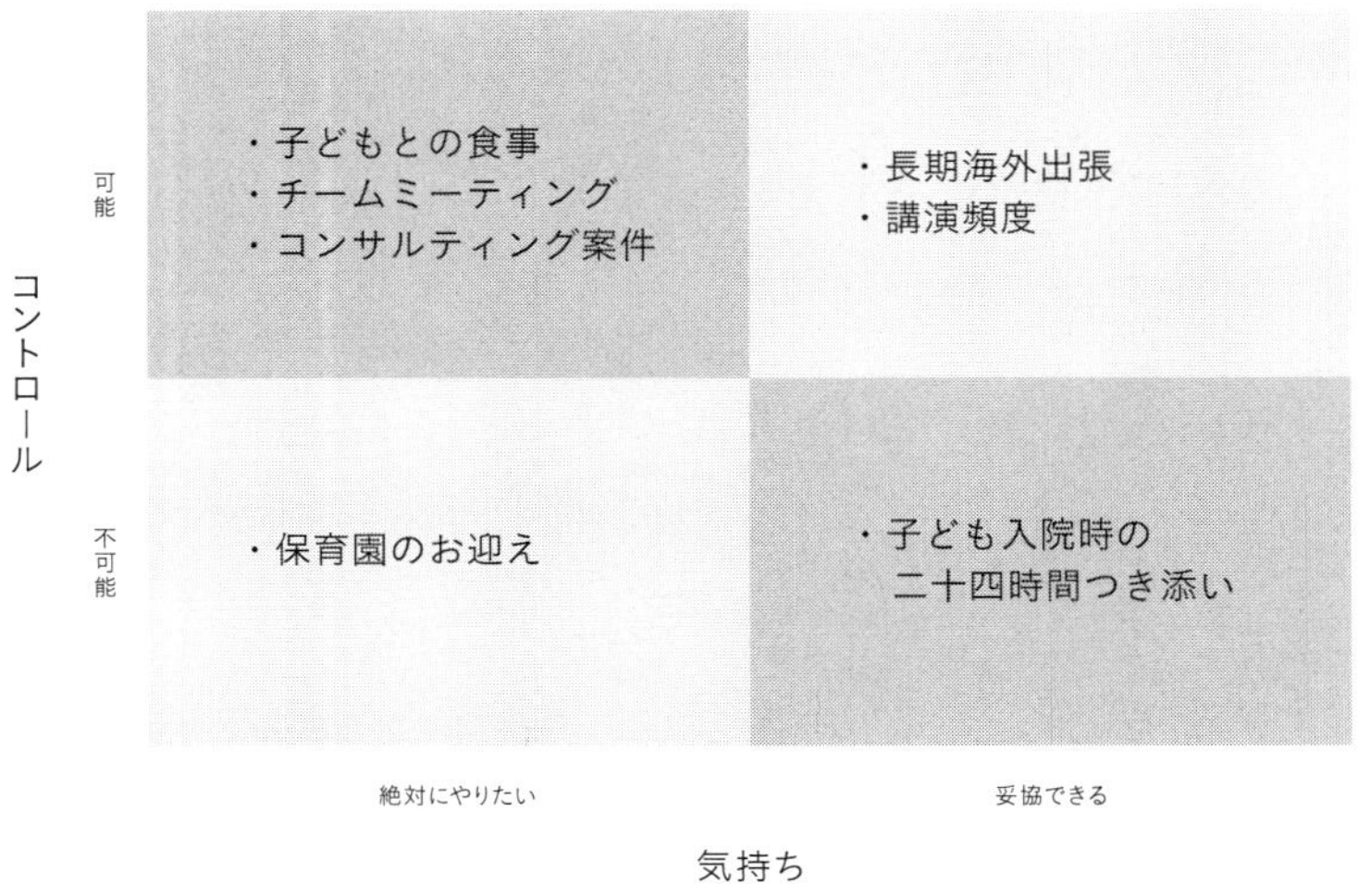

予想外の作業が発生する可能性を常に念頭に置いて時間に余裕を持っておく

アメリカの研究所でプログラマーとして働いていたときのこと。学会誌に載ったことで、業界内でとても有名になったフレーズを先輩が教えてくれました。それは、ベル研究所のトム・カーギルが言ったとされる「コードの最初の九〇%が開発時間の九〇%を占め、残りの一〇%がさらに九〇%を占める」という「**九〇対九〇の法則（Ninety-Ninety Rule）**」です。

開発時間の割合の合計が一〇〇%になるはずなのに、九〇＋九〇＝一八〇%になっていますが、これはソフトウエア開発のプロジェクトは、当初の予定時間を大幅に超過する傾向があることを、皮肉とユーモアをこめて表現したものです。

プロジェクトが大幅に遅延する原因は二つあるとされています。

一つ目は、開発担当者がコードの作成において簡単な部分と困難な部分を大雑把に仕分けて、それをもとに時間を割り当ててしまうためです。二つ目は、難しい部分の予測に失敗することだそうです。

先輩は笑いながら、ソフトウエア開発だけでなく、人生すべてにおいて、この九〇対九〇の法則は使えると言っていました。

確かに、ソフトウエア開発だけでなく、どんな仕事においても難しい部分の仕分けを適切にやることは、実はとても難しいことです。

リスクを正しく予測することは難しいし、想定外に時間がかかってしまうことだってあります。

そして、難しいことがどのくらい難しいか、適切に測ることも〝難しい〟。だから、予測していたことはたいがい外れるのでしょう。

以来、ルーティンではない新たな仕事がはじまったり、少し難しい仕事に取り掛かったりするときには、「自分が考えている以上に、〝難しいこと〟は実は具体的にはわかっていないと心にとめておくことが大事」と肝に銘じています。

万が一、難しい部分に想定以上の時間を使ってしまったとしても、後でリカバリーがきくようなスケジュールにしようと決めています。

時間の余白を作るための第一ステップは、毎週三時間の考える時間を作り出すこと

昇進したり、ライフステージが変わったりして新たな役割が増えたときには、最初の一ヵ月は、**毎週三時間の空白の時間を確保する**ことを心がけています。

「最初の一ヵ月は、毎週三時間の空白の時間を確保する」という目安は、かなりよい時間の空け方だなと、実際に続けてみて感じています。

週三時間をひねり出すのは、会議を二本出るのをやめるくらいの時間なので、実はそう難しいことではありません。二本出なくても、仕事に大きな影響は出ないことがわかると、意外と時間を捻出できるのです。

どうしても日中にこの三時間を捻出できない場合は、期間限定で平日の朝か夜、週末のプライベートの時間を使います。ただし、睡眠時間は絶対に削りません。睡眠不足は思考力を落とすからです。

この三時間で、「新しい役割を遂行するのに、どういう時間の使い方をしたらよいか？」を考え、動いていきます。

「新しい役割では自分に何が求められているのか？」「どこがわかっていて、どこがわかっていないことなのか？」を考えて、思い描くことを書きならべていき、整理してみるのです。整理することで、自分が変わらなければいけない部分が見えてきます。

自分だけでわからないことは、**誰に相談してみるとよいか**をリストアップし、その方々へヒアリングのアポを入れ、相談します。自力ですべての答えを出そうとしなくてもいいのです。

そして、実行してみます。一週間の動き方から、何がうまくいって、何がうまくいかなかったのかを振り返り、もう一度「新しい役割を遂行するのに、どういう時間の使い方をしたらよいか？」を考え直します。これを一ヵ月（四回）やると、新しい時間の使い方へ、意識も行動も向いていきます。

二ヵ月目以降は、三割の余裕を生み出す仕事の仕方を模索する

二〜三ヵ月目は、新しい役割の仕事をこなしながら、**三割の時間の余白を生み出す仕事のスタイルを探して**いきます。

三ヵ月くらいは、気合いと体力で少しくらいオーバーワークはできるかもしれませんが、長くは続けられません。**オーバーワークをするのは、期間を区切る**必要があります。その間に時間の使い方を抜本的に変え、オーバーワークしなくてもすむようにするのです。

この「三ヵ月」は一般論で、たぶんこのくらいまではがんばれるという、あくまでも目安。体力的に自信がなければ、もう少し早くオーバーワークをしなくてもよいような状態に持っていく必要があります。

だいたい一〜二ヵ月をめどに抜本的な改善を図るようにしていますが、スパッと解決できない場合もあり、やってみたけれどうまくいかず、ほかの策を練ってまた挑戦とやっているうちに、三ヵ月くらい時間がかかってしまうこともあります。

自分はどのくらいの期間ならオーバーワークでがんばれるのか。自分なりの基準を持った上で、取り組んでみてください。

常にスケジュールは詰めすぎない

スケジュールの三割を空けるように心がけていたのは、私の仕事柄、トラブル対応がとても多かったからです。そのため、常にスケジュールは詰め込まず、突発的に仕事が増えても吸収できるようにしていました。

三割というのは、私の中の目安であり、職種や業界によってこの割合は変わってくるでしょう。緊急のトラブル対応が多い仕事であれば、余白は多く持っておいたほうがよいし、そうでない仕事であれば、もっと少なくてもいいと思います。自分にどれだけの余白があれば、うまく仕事を回していけるかを考えてみてください。

仕事は作ろうと思えばいくらでも作れるので、スケジュール帳がスカスカでも全然気になりません。それよりも、時間に余裕がなくて、考える時間が生み出せなくなることのほうが怖いと思うのですが、いかがでしょう。

自分の頭で考える時間を確保し、冷静に客観的に、「全体像は何か?」「その中で自分は何をするのか、しないのか」「わからないこと・見えていないことは何か?」を明確にしていき、理想の時間の過ごし方を見つけましょう。それをベースに、行動し、振り返りの時間を作るだけで、時間に対する満足度は上がっていくし、余裕を作り出していけるでしょう。

タイムマネジメント力
ここがポイント！

❶「絶対やりたい×コントロール不可能」なことを軸に予定を組んでいく
❷突発的なトラブルでも対処できるように、時間の余白を作っておく
❸環境が変わった後の、はじめの一ヵ月は、週三時間の「考える時間」を作る
❹二ヵ月目以降は、三割の時間の余白を持てるように心がける

セルフマネジメントスキル2

セルフコントロール力

優れたビジネスパーソンの要件の一つに、自分をコントロールする力（セルフコントロール力）がよく挙げられます。

『ハーバード・ビジネス・レビュー（英語版）』でも定期的に「セルフコントロール」がテーマに上がり、検索すると八〇〇〇件以上の記事がヒットします。

よいリーダーは自制力があり、**自分をコントロールする力が高ければ高いほど、より効果的なリーダーシップを発揮する**と指摘されています＊。この自分をコントロールする力は、ビジネスだけでなく、プライベートでも大いに役立ちます。

＊出典：『ダイヤモンド・ハーバード・ビジネス・レビューWEB版』「リーダーに不可欠なセルフコントロールを養う3つのカギ」（カイ・チ・（サム）ヤム、フイウェン・ライアン、D・ランス・フ

エリス、ダグラス・ブラウン著、二〇一七年八月一日）URL ; http://www.dhbr.net/articles/-/4947
英語版原文"Leadership Takes Self-Control. Here's What We Know About It"（二〇一七年六月五日）
URL ; https://hbr.org/2017/06/leadership-takes-self-control-heres-what-we-know-about-it

たとえば、自分をコントロールできる人は、人に扇動されることが少なく、人と自分を比較しても、うらやましいという気持ちになったり、落ち込んだりすることは減ります。ほかの人とより生産的に、そして、効率的に動いていけます。

その反対に、自分をコントロールできない人は、ほかの人も適切にマネージできません。

セルフコントロール力の鍵となる、メタ認知力を磨く方法

私が自分をコントロールするとき、使っているのは、次の四つのステップです。

それぞれ、詳しく見ていきましょう。

❶ 自分を知る
❷ 入ってくる情報の質と量をコントロールする
❸ 入ってきた情報の解釈をコントロールする
❹ 自分の心と行動をコントロールする

❶ 自分を知る

自分をコントロールする力を身につけるには、心理学者のジョン・H・フラベルが提唱した**メタ認知能力を磨く**ことです。メタ認知とは、自己の認知活動（知覚・情動・記憶・思考など）を客観的にとらえ、評価することです。

なぜメタ認知能力が必要なのかというと、自分を客観的にとらえられなければ、自分を制御するアクションには結びつかないからです。

自分に向き合うとは、**内省的になって、自分はなぜそういう行動をとったのか、そういうふうに感じているのかを分析する**ことです。

私は米ゼネラル・エレクトリック（GE）時代にエグゼクティブ・コーチから教わった「**ジャーナリング**」という手法を使っています。簡単に言うと、日記を書くことです。**書きながら自分と対話し、何が問題なのか、自分はどう感じているのかを文字にしながら発見していきます**。

紙とペンがあれば、いつでもどこでもできます。私は、一日・一週間・一ヵ月の自分の気持ちの推移を見たいので、日記帳を使っています。

ジャーナリングは、以下の三つの質問に答えていきます。

a．何があったか？
b．情動がどう変わっているか？
c．ここから自分について何がわかるか？

一つの問いに対して一分間、思いつくがままにどんどん書いていきます。もし、何も書けないなら書かなくてもかまいません。その一分の時間を取るかどうかが大事なのです。

その後、書きだした内容を読み直し、自分がどう感じているのか、自分の心の声に耳を傾けます。

何も感じないときもあります。そのときは「今は何も感じなくていい」のです。感じても感じなくても、自分の心と向き合う時間を作ることで、自分を知っていくことにつながっていきます。

自分を知ることで、自分の思考や行動への優先順位をつけることができますし、足りないところも見えてきます。

❷ 入ってくる情報の質と量をコントロールする

仕事と育児で忙しくなればなるほど、自分のために使える時間が減っていき、友達にはなかなか会えず、社会的に隔離されてるなぁ〜とさみしくなる。さみしさを紛らわすためにSNSを見たり、少しでもわからないことが出てくるとすぐにGoogleで検索してしまう。暇つぶしにゲームをしたりYou Tubeを見たりはしないものの、気づけばスマホをいじっている時間が増えている……。

これは、私の「自分をコントロールしにくくなっているよ」という警報になる行為ですが、どんな人でも、そういう行為はあると思います。特に、不特定多数から入ってくる情報量が多くなればなるほど、処理をするのに自分の脳や心が使われてしまいます。そして、ストレスだけがどんどん溜まっていきます。

アルビン・トフラーが『未来の衝撃』（中央公論新社、一九八二年）で「情報オーバーロード（information overload）」について書いており、**情報過多によって意思決定の質が低下すること**を指摘しています。

そこで、私は定期的に「ノー・デジタルデー」と「ノー・テレビデー」を設けて（ノー・デジタルデーは、ほぼ毎週末に実施）、外から入ってくる情報を遮断し、自分の気持ちが寄り道したり、ざわつかないようにしたりしています。

テレビをオフにし、ＰＣもケータイもオフにする。これだけで、入ってくる情報量はかなり減ります。

❸ 入ってきた情報の解釈をコントロールする

日々いろいろなニュースや情報が入ってきます。それらをどう受け取るかは、自分でコントロールできます。

まず、自分の心に強い印象を残した情報は何かを意識します。

私はすぐに忘れてしまうので、気になるものは、自分のスマホに記事のリンクをメールで送ったり、友達からのメッセージや投稿であれば、写メをとっておきます。そして、その日のうちに、**「なぜ強い印象を受けたのか」を考えます。**

特に、自分がネガティブな感情を持った場合、**それは本当にネガティブな感情を持つべきものなのか**どうかをもう一度自分に問い直します。

自分が成長するために必要なものであれば、それを受け入れ、成長していくための糧とする方法を考えますが、自分の思考がネガティブになっているだけであれば、それはその場ですぐにただしたほうがいい。

不必要にコンプレックスを感じる必要はないし、いらない感情はその場で手放したほうがいいのです。

また、なぜそのようなネガティブな感情を持つようになったのか、自分の心の中を掘り下げることで、自分の認知のゆがみに気づくことができます。

❹ 自分の心と行動をコントロールする

❶〜❸を行うと、自分の中での優先順位や、自分に足りないもの、自分が避けるべきものなどが見えてきます。それを基準にして、自分の心と行動を変えていくのです。

心は、❸のステップで気づくことができます。

たとえば、友人の著書の売れ行きが好調で重版がかかったというニュースを見たときに、私がもやもやとしたとしましょう（そういうことはないですが、事例として使います）。

なぜ自分がもやもやしているのか、書きだしてみます。

・私は、友人が出版で大きな成功を収めて羨ましいと思った
・その理由は、私の著書が売れたという実績がほしいからだ
・実績がほしい理由は、次の本が出しやすくなるからだ
・あれ？　今もうすでに何冊か上梓しているし、書きたいテーマの多くが出版社で企画も通っているから、私はそこを羨んでいるわけではないな
・じゃあ、何をもやもやしているのだろう？
・そうか、いろんな人が、友人のニュースをシェアしていて、私も友人と同じように人から注目されたいからだ。子育て中で、思うように自分が仕事もできず、飲みにも行けず、社会から隔絶されているって気分なのかな
・でも、自分は子育ても仕事のバランスも今ちょうどいいと思っているから、これが原因じゃないよな
・売れて印税が入ることが羨ましいのかな？
・確かに、自分がやった仕事が評価されて、それがお金につながることは大事だし、私は出

産前のようには稼げていないから、そこは自分として課題だと思っている

・そっか、自分が限られた時間の中で、好きな仕事をしながらどうやって売上を最大化するか、それをちゃんと考えられていない自分にもやもやしていたんだ

・じゃあ、自分の会社の売上を伸ばす方法を考えてみよう

こうやって自分自身と対話していき、自分はなぜもやもやしているのか、自分に足りないものは何か、それに対してどう自分の行動を促していくのかにフォーカスすると、悩むのではなく、自分の心をコントロールしていくことにつなげることができます。

しかし、実際には、心よりも行動を変えるほうが難しいと私は思っています。

上記のような深掘りをしても、自分の心が納得してしまっておしまいになってしまうケースが多々あるからです。現状に満足してしまうからでしょう。

そこで、自分の行動を変えるために、「**日常生活に新しい行動をどう組み込んでいくのか**」、あるいは「**特定の行動をどうやめるのか**」を考えていく必要があります。食後に歯磨きをするように習慣化するまでを目標にします。

たとえば、私の場合、語学の勉強などは、電車等での移動時間にやると決め、わずか四、五分の時間でも勉強できるような工夫をして、勉強を続けることに成功しました。

勉強したい、勉強するように自分を変えようと思うだけでなく、**実際にどう行動に落としていくか、日常化していくか**、そこに行動を変えるためのカギが隠されています。

まず心のコントロール、そして、次に自分の行動をどう日常化できるか、自分の生活リズムを考えて、小さな工夫をしてみてください。

セルフコントロール力
ここがポイント！

❶ 自分をコントロールする力が高い人ほど、リーダーシップを発揮できる

❷ 自分を客観的にとらえて、なぜそのように感じるのかを分析すると、心をコントロールできるようになってくる

❸ 実際の行動に落とし込むには、習慣化する方法を具体的に考える

セルフマネジメントスキル3

孤独と向き合う力

昇進のタイミングで、急に周囲がよそよそしくなり、〝孤独〟を感じるという相談を、部下や友人などからよく受けます。

「経営者は孤独だ」という話を耳にしたことがある人は多いと思いますが、これは経営者だけに限った話ではありません。マネジャー昇進、部長昇進、役員昇進などのタイミングで、周囲から「浮いた」と感じることは必ずあります。

これは、男性・女性にかかわらずあることですが、女性の場合はキャリアアップする絶対数がまだ少ないという事情もあり、同じ立場で相談し合える人が作りにくく、孤独をより強く感じるようです。

女性はより孤独を感じやすい

女性は、子どもの頃から、「周囲に合わせる」「誰にでもいい人である」ように動く傾向があるので、〝浮いた感じ〟を、より敏感に感じるそうです。

心理学では、「同調行動」と呼ばれるもので、ファッションの流行などもこの一種だと言われています。

小さい頃から周囲に気を配り、たとえ反対意見を持っていても、周囲が賛成しているからついつい賛成してしまった経験は、一度や二度はあるのではないでしょうか。

私は女子校育ちです。そのためか「女の子はこうあるべし」という周囲の作った女子像に完全に染められて、「ここは目立っちゃうから何も言わないようにしよう」と目立たないようにしていた時期があります。「女の子は女の子らしく振る舞う」――それにとらわれていたのです。

会社に入ってからも、周囲に好かれようと必死でした。仕事が忙しくて、本当は一秒でも時間を無駄にしたくなかったのに、女性グループのランチに行って、楽しんでいるふりをしながら一時間めいっぱいおしゃべりをして、結局仕事の時間が足りなくなって、残業をしていたこともありました。
今から考えると、ホントに時間の無駄でした。そんなことをしても、浮くときは浮くし、職場はお友達を作る場所じゃないからと割り切ればいいのですが、若い頃はそういうことすらわかっておらず、嫌われるのを必要以上に恐れていました。

割り切れるようになったのは、仕事が忙しくなるにつれ、出張が増え、物理的に一人で行動することが増えていったからです。その頃から、出張先ではお客さまや同僚と一緒でも、移動している最中は一人のことが多かったので、一人でいることに慣れていきました。

特に、海外出張を一人ですると、言葉ができないこともありますが、客先で一緒に食事のできる人を見つけられず、何ヵ月も一人になることもあります。クリームたっぷりの現地の食事に慣れず、外食すると気持ち悪くなってしまい、日本から持って行ったカロリーメイトをホテルの部屋で泣きながら食べたこともありました。
一人でいることに慣れてきて、劇場や美術館に行って楽しく時間を過ごす方法を見つけたりもしました。

しかし、それでも内心は、周囲から嫌われたくないという気持ちに支配されていました。

次長、部長と昇進するにつれ、部下のマネジメントや部署の運営についてなど、一人で悩んで決断することが増えていきました。上司に報告はしますが、ささいなことまで相談していたら、マネジメント能力がないと見なされてしまいます。

もちろん、同僚に相談することはありますが、機密情報もありますし、部署が違う人にすべてを理解してもらうことはできないので、相談するにも限度があります。そんな状況から、一人で考え、決めることが増えていきました。

三十代の次長時代に、大きな事件がありました。私の場合は、この事件をきっかけに、〝嫌われたくない病〟から卒業できました。

事件の詳細は書けませんが、ある大事件を起こした人を降格させざるを得なくなったのです。

私は当初、事件を周囲に知られないように多方面に配慮をしたのですが、事件があまりに大きく、社内でいろいろなうわさが流れてしまいました。そのため、けじめをつけるには、その人を降格させるしかありませんでした。

その経験を通して、**「何をしても、しなくても、すべての人から好かれることはない」と思い知らされた**のです。

仲間が離れていっても
ステップアップした先で新しい仲間ができる

さらにその後、昇進を巡って、女性だけでなく男性の同期からも浮いてしまう出来事がありました。

外資系メーカーに勤務していた三十代半ばの頃、年齢の近い先輩や同期の何人かとポジション争いをして、私は本部長に就任しました。それまで仲良く切磋琢磨してきた（と私は思っていました）先輩や同期が部下になりました。それでも、私は変わらずつき合っていけると思っていたのです。

しかし、現実はそうではありませんでした。就任直後に同期会に呼ばれなくなってしまったのです。同僚の女性からも、ランチに誘われなくなり、このときはさすがに〝寂しい〟と思いました。

「経営者は孤独だって言うし、男性のシニアマネジメントだって孤独って聞くから、これは乗り越えなきゃいけないことなんだ」と自分自身を一生懸命励まして、がむしゃらに仕事をしていた記憶があります。

けれど、ふとしたときに、「いつまで一人でがんばっていかなきゃいけないのかな」という思いがよぎります。

そんなある晩、夜十一時からはじまるアメリカとの電話会議をするため、会社でほかの仕事を片づけていたところに、昔一緒に働いていた一部上場企業の役員となった先輩から電話がありました。

「銀座で飲んでるから、おいで」

そう言われて、電話会議の時間まで先輩と飲むことになりました。その場で、強烈に覚えているのが、オフィスに戻る前に言われた次の言葉です。

「お前がもっと成長したら俺たちの仲間になるんだから、がんばれよ」

そこで気づいたのです。**私はすべてを失ったわけではなく、次の仲間を見つけるための成長のステージに立っているんだ**、と。

そう思ったら、今まで悩んでつらいと思っていたことはたいしたことではなく、自分が成長するためのステップだと前向きにとらえられるようになったのです。

そんな言葉をかけてくれる先輩がいた私は、とても幸運だったと思います。キャリアの節目節目で、運よく声をかけてくれた人に救われました。

ご縁をつなぐ「Pay It Forward（恩送り）」

いろんな人に助けてもらえるには、「**恩送り**」**の実施が重要**です。

これはキャサリン・ライアン・ハイドの小説『ペイ・フォワード』（角川書店、二〇〇二年）という小説で描かれていた〝自分が人から受けた善意をほかの人に回してつなげていく〟という考え方です。私も二〇〇〇年に映画化されたのをきっかけに本を読み、少しずつ実践しはじめました。

合理主義のアメリカ経営のもと、効率化を追求するIT産業でキャリアを積んだ私は、いつの間にか近視眼的に考えすぎていたなぁと反省しました。そして、自分がやったことはいずれ巡り巡ってくる、だからできるだけいろいろな方に、**そのときにできるベストを尽くす**ように心がけてきました。

どんなに年が離れていて、キャリアの差があろうと、**その人に何かプラスになるものはないかと常に考え、行動すること**。すぐにご恩返しはできなくても、中長期的にできることはないか、相手にしてもらったことを常に手帳に書きつづっています。そして、定期的に見返して、自分ができることがないかを考えています。

私の場合は、幅広い業界で仕事をしてきたので業界外に知り合いが多く、情報収集が得意という強みがあります。

ですから、恩返しの方法は、その人が求めている情報を提供したり、人を紹介したりすることが中心です。これは、『自由に働くための出世のルール』（ディスカヴァー、二〇一八年）第3章の「自分を引き上げてくれるスポンサーを見つける」（一一六ページ）でも紹介しているジョイントベンチャーの考え方をベースにしています。

社内外にネットワークを広げる

困ったことを相談し合える人脈作りを、自ら進めていくことも大切です。出世していけば、社内で孤立していくのはある程度仕方ありません。一歩引いた立場からアドバイスし合える、社内外のネットワークを広げるのです。

同じ部署や利害関係のある部署で同じくらいのポジションの人だと、競争相手になってしまうため、結局本音で話すことができません。

そこで、**利害関係のない部署にいる同期や、過去にプロジェクトを一緒に実施した同僚**に相談しています。苦労を共にした仲間は、親身に相談に乗ってくれるため、本音で話ができます。

また、**同じ部署でも、出世競争が終わったシニア世代**の方に、本音ベースの相談に乗ってもらってもいます。彼らからは、私と同じポジションの頃に、今私が悩んでいるようなことをどうやって乗り越えたのか、的確なアドバイスをいただけるケースが非常に多くあります。

このように、相談できる人は社内で見つけることもできますが、**社内に相談できる人がいない、または少ない人は、社外の人脈作りに取り組む**といいでしょう。

私が社外の人脈作りをはじめたのは、三十代前半に課長職に昇進した頃のことです。日系企業に勤め、三十代で部長に昇進していた友人と飲んでいたときに、「自分と同じような立場にいる人にしか、わかってもらえない」と言われたのがきっかけです。

この言葉を聞いた私は、自分たちと同じようなポジションの人が悩んでいることを議論する横断的な仕組みを作ろうと、大手町・丸の内近隣の大手企業で課長職以上を担っている三十代を集めた「大手町の会」をスタートさせました。

今までお会いした人の中で、「この人の経験を詳しく聞いてみたい」と思った人にお声がけし、二ヵ月に一回、四十五分間のランチ会を大手町で実施したのです。

毎回テーマを決めて、ランチを食べながら徹底議論し、社に戻ってそれを自分の日々の仕事に応用していきました。

テーマは、「若くして昇進したことで嫉妬され、情報を入れてもらえなくなったら、どうすべきか？」「中途で転職してきた人が活躍するためには、どういう環境にすべきか？」といったことです。

この会を実施するにあたっては、いくつかルールを作りました。議論した内容は、一切外部に漏らさないこと。ビジネスをする場合には、ランチ会以外の場で行うこと。不適切と判断した人は二度と呼ばない、などです。こうして、腹を割って悩みを議論できる場になるよう工夫しました。

こういった場を作ったのは、自分の悩みを〝前向きに〟解決するためです。ランチという四十五分の短い時間で、お酒も入らないため、愚痴はほとんど出ません。会社は違えど、立場の似ているほかの人はどうやってその問題を解決しているかがわかるので、自分の職場に応用しやすいなどのメリットがありました。この会は、私が大手町から赤坂に移るまでの数年間実施しました。

このほかにも、数ヵ月に一回、キャリア女性の人を中心に、わが家でホームパーティを実施しています。これは、現在も続いています。

ホームパーティといっても、じっくり話し合えるように最大五名程度の集まりにしています（わが家が狭くてそれ以上の人が入れないというのもあるのですが……）。

週末の夜に持ち寄りでやっているため、参加者の負担は少なく、外に会話が漏れることを心配することなく、思う存分さまざまな話ができます。

いつも同じメンバーではなく、キャリア女性の方々の出会いの場にもなることを意識して、参加者を替えながらパーティを続けています。

自宅以外でも、シニアマネジメントの女性を呼ぶ会、性別関係なく集まる会など、いくつかの会を主催しています。自分が主催するのは、面倒なこともあるのですが、自分が嫌な人を呼ばなくていいというコントロールが効くメリットもあります。

以前は、偶数月の第二週水曜日など日程を決めてやっていましたが、現在は自分に負担のない範囲で続けるため、不定期でやっています。

年に七回以上会わないと忘れられる？

「人は年七回以上の接触がないと、その人のことを忘れる」という話を聞いたことがある人もいるでしょう。

一年で七回も直接会わなくとも、数回は会って、**三〜四時間じっくりと話す場を設けることで、何かあったときに相談できるネットワークを維持できます。**

社内だけでなく、社外にも輪を広げることで、自分一人で悩むことがなくなります。

ほかの人たちも同じような経験をしてきたのだとわかると、仲間意識が芽生え、さらに目の前の問題にどう取り組むのかのヒントをもらえます。私もこのネットワークから、つらい状況を克服できたことが何度もあります。

孤独と向き合う力

ここがポイント！

❶ 全員から好かれることはできないので、嫌われることを恐れる必要はない

❷ 仲間が離れていっても、ステップアップした先でまた新しい仲間ができる

❸「恩送り」の精神で、相手の力になれるよう自分のベストを尽くす

❹ 社内でも社外でもよいので、相談できる人脈を作っておく

ポータブル・スキル❷　対自分力のまとめ

この章では、多くの対自分力ポータブル・スキルの中から、私が仕事を進めていく上で大切にしている三つのセルフマネジメントスキルについて紹介しました。

1 タイムマネジメント力

2 セルフコントロール力

3 孤独と向き合う力

対自分力は、自分の考え方と行動をコントロールしながら、その成果を仕事につなげていくことです。定期的に自分と向き合い、自分を掘り下げてみてください。その中から、見えてくるものはたくさんあると思います。

女性のシニアマネジメントを目指すなら、**孤独感を乗り越え、嫌われたくない病を克服しなくてはなりません。**けっして楽には乗り越えられません。しかし、**克服した先には、新しい仲間が待っています。そして、新しい景色が見えるようになります。**

第3章

ポータブル・スキル❸　対課題力

自由に働くための
ワンランク上のビジネススキル

目の前の課題を分析し、計画を立てて処理していく力を対課題力といいます。この章では、その中で特に重要な次の4つの力を取り上げます。

1 社内情報収集力
2 会社の成長につながる成果を出す力
3 大きなビジネスを生み出す構想力
4 不安な状況下での意思決定力

ワンランク上のビジネススキル―

社内情報収集力

お酒とタバコとゴルフ、三種の神器がなくてもやっていける？

昔から、「**お酒の席、タバコ部屋、ゴルフで仕事は決まる**」と言われていますが、最近では女性に限らず、タバコもゴルフもしない人が増えているように思います。また、家庭の事情で、夜の飲み会への出席が難しい方も少なくないようです。

それでも、やはり、お酒とタバコとゴルフの席では、部署や役職の垣根を越え〝相談〟が流通しているためでしょうか、それらをたしなまないと、仕事上マイナスになると感じている人は多いようです。

社内通ではなかった私の元部下（女性）は、いろんな人に相談し、数ヵ月悩んだ末、周囲の女性陣からの「将来子どもがほしいと思ったときにマイナスになるから考え直したほうがいい」というアドバイスをよそに、「私はタバコを吸うことにします！」と宣言。そして、タバコ部屋デビュー。

念願の「オープンコミュニケーション」を手に入れたはずだったのですが、「うわさ話には詳しくなったかもしれないんですが、なんかちょっと違うんです」と再び悩んでいました。

かく言う私も、社内外で有名な嫌煙家で、タバコ部屋に足を踏み入れる気はなかったのですが、十年ほど前の三十代前半の頃には、「このままではまずい？」と気にした時期もありました。

お酒とタバコはセットのことが多いので、お酒の席が必須なお客さまのプロジェクト・メンバーを募集した際、人材募集要項の求めるスキル欄に「酒量はざる以上で喫煙者」と書いて、人事に怒られたりしました。

そんな私を見た先輩（男性）から、「ゆかりちゃん、ゴルフなら自分の努力でもできるでしよ」と言われ、先輩おススメのゴルフスクールに通うこと二年。コースデビューもしましたが、悲しいほど運動音痴で、スコアで二〇〇を切ることができずに、先輩から「お前、努力の方向が違うんじゃない？」と言われて、ゴルフは断念しました。

そんな時期を過ごしても、社内情報はちゃんと集まってきているし、自分自身が困ることはありませんでした。

私の場合、飲みに行くことはしばしばありますが、三十代半ばから海外出張が多くなったり、ここ数年は子育て中のため、若い頃ほど飲みに行けなくなりましたが、やはり情報には困っていません。

お酒、タバコ、ゴルフなどをたしなまないと情報が入ってこない、などということはありません。ただ、漫然と日々過ごしていて、勝手に情報が入ってくるなどということもありません。「情報が集まる人」にはそれなりの理由があるのです。

そこで、ここでは、タバコも吸わずゴルフもしない。お酒を飲みに行く回数も少ない。そんな人でも、社内情報通になるためのポイントを紹介します。

情報が集まる人の三つの特徴

まず、「社内で情報が集まる人はどんな人か？」を分析するところからはじめましょう。

男女問わずシニアマネジメントの友人たちに聞いてみたところ、基本要素として三つの特徴が上がってきました。

❶ 人に興味がある

❷ キーパーソンとコミュニケーションができる

❸ 職務を超えて、引き受けた仕事は必ずやり遂げる

以下、私の経験も含めて具体的に見ていきましょう。

❶ 人に興味がある

人に興味がある人は、人に会ったら、「誰か」について何かと情報交換をしているものです。同期がどこに異動したのか、春の組織変更はどうなりそうか、お客さまについての最近の話題など、共通の知人・友人について、あるいは社内の有名人について話しているのです。

以前、GEに在籍していたときには、「シニアマネジメントは、人との会話の九割が誰かについてだ」と上司に言われました。

どこにどんな人がいるのか、誰がどういうことに悩んでいるのか、どういう仕事を頼めば成長するのかなど、GEは本当によく「人」の話をする会社でした。

人に興味をまったく持てない人は、誰かと話そうというモチベーションが起こらないため、情報が集まってくることはありません。

無口で引きこもり系の人はもちろんのこと、私はおしゃべりだから大丈夫と思っている方も、「ホントに人に興味がある?」と考えてみてください。人が話す以上に自分が話していたら、その人に情報が集まってくることはありません。

私も相当おしゃべりなほうで、先輩方から「お前、しゃべりすぎっ！」と叱られることがよくあります。

そのため、情報収集モードのときには、相手にたくさん話をしてもらうように、気をつけています。たとえば、**私は数分話したから、相手に倍話してもらえるように、あいづちを入れるタイミングを増やしたり、会話を引き出す質問をしたりしています。**

「私は話すのが苦手なので……」という方も少なからずいると思います。

けれど、それは大きな問題ではありません。私はおしゃべりな性格と書きましたが、実際はかなりの〝人見知り〟でもあります。知っている人とは非常によくしゃべるのですが、知らない人ばかりだと、積極的に話すことはありません。いったい何を話していいのかわからないのです。

これでは、自分の知っている人の輪から抜けられません。

そこで私は、どこの部署にどんな人がいるのか、面白い人とコラボできる機会はないか？　などを探すために、**社内研修を積極的に活用していました**。

社内研修であれば、受けている研修テーマがはっきりしているので、**研修について話をすれば、知らない人とでも会話が続きます**。また、できるだけいろいろな部署から人が集まる研修を狙って出席することで、社内の知らない人と出会えます。

研修だと、勤務時間中に実施されることが多いため、残業ができない人でも活用しやすい方法だと思います。仕事に必要なスキルを身につけると同時に、社内にネットワークを作っていくのに、非常に有効な手段です。

❷ キーパーソンとコミュニケーションができる

以前、いろいろな方に「どんな人に情報が集まるか？」と聞いて回ったことがあります。

多くの人が共通の友人や私の名前を挙げ、その理由は「そういうキャラだから」という回答が返ってきたので、「キャラって何だろう？」と考えてみました。私の周囲にいる情報が集まってくる人も、同様のキャラを持っている人が多いのです。

その特徴を簡単にまとめると、会社の置かれている状況の中で、**情報源となる人が置かれている状況をつかむ「全体像の把握力」**。

それがわかった上で、その人との距離をきちんと測って、**上下分け隔てなく人間関係を築く力があります。また、それを意図的に行っておらず、自然体で行っているというのも特徴**です。

社歴が長くなると、社内で知り合いが多くなります。人を知っていれば情報が入ってくると思う方もいらっしゃいますが、**人を知っているだけでは情報は入ってきません**。

会社が置かれている状況を、社内外の公開・非公開の情報から適切に理解することで、会社がどの方向に向かっているのか、どういう問題を抱えているのかがつかめます。その中で、**自分が会う社内の人たちがどういう位置づけにいるのか、それを想像する力が必要**です。

たとえば、普段はものすごく厳しい経営者ですが、実は、さみしがり屋だというケースがあります。

人気のない役員フロアで、誰かに話しかけてもらうのを本当は心待ちにしているのですが、会社が置かれている厳しい状況を考えると、自分からは、カジュアルにアプローチできないわけです。ドラマなどでありそうなシチュエーションですが、こういったケースは実際にあります。

そんな状況を読み取れるかが第一歩です。そして、その人に対して、**自分とその人との距離を考えて、どこまで親しく振る舞えるかを判断できる、**ということが次のポイントです。

ある社長の下で働いていたときに、彼の部屋にはいつもたくさんのキャンディーが置いてあることに気づきました。とても厳しいと有名な方で、多くの人は萎縮して、キャンディーに手を出すこともなければ、仕事以外の話をすることもなかったそうです。彼の部屋に、キャンディーがあることを知らない人も多くいました。

その社長と一緒に仕事をするようになって三ヵ月ほど経ったときから、部屋に伺うときには、甘いものを持っていくようになりました。もう一歩踏み込んで人間関係が築けると思ったからです。

おやつをネタに雑談をして、その後に仕事の話をする。それを繰り返していくうちに、社長も自ら、私のオフィスに甘いものを持って遊びに来てくれるようになり、仕事の話を超えていろいろなお話をするようになりました。

これは一例ですが、**誰がどういう状況に置かれていて、どういうものを欲しているかを見極めて、仕事を一歩超えた人間関係を築けるか**が、情報が集まる人・集まらない人の大きな差になります。

ここで私から一つアドバイスすると、**まずは、声をかけて行動することを実践する**といいと思います。先ほどのキャンディーのケースでも、キャンディーがあることに気づいていた人も少なからずいたと思います。

ですが、そこで声をかけたり、甘いものを持っていったりといった具体的な行動をするかどうかで大きな違いが出ます。

社長や役員となると、「もしかしたら失礼かも……」と思って引いてしまいがちですが、前述したように、実はコミュニケーションを欲しているケースもあるものです。

行動するときは、自分のメリットではなく、相手のメリットで動くこと。小出しにしていき、**相手が心地よいという手前でやめる**というのもポイントです。

❸ 職務を超えて、引き受けた仕事は必ずやり遂げる

最後のポイントが、「仕事をやり遂げる」です。どのポジションにいようが、よその部署の仕事だろうが、「**頼んだら、確実に仕事をやり遂げてくれる**」**という人には、情報が集まります。**

何かを頼むときに、上の人でも横の人でも下の人でも、接点が生まれるからです。そして、その際に情報をもたらしてくれるのです。

情報が多く集まる人をよく見ていると、職務を少し超えて、部門の垣根を越えて、仕事をしている人が多いことに気づきます。

私自身がそのような動きをするようになったのは、三十代前半の頃、世界中の社員のトップ二％に入る超エリートと言われていたアメリカ本社の方と仕事をしたときにもらったアドバイ

スがはじまりでした。

「自分の担当している仕事ができるのは当たり前。そして、その精度を高めるために努力しているのも当たり前。君に足りないのは、**会社に対してどう貢献するかという視点。そして、貢献することで、自分の価値を高めようとする努力**」

「**職務以上に仕事をしているのか？**」という観点で、欧米の同僚を見はじめたときに、成果を出している人や、社内で一目置かれている人たちに共通していたのは、「職務を超えて、ちょっと手広くやっている」ことでした。

そこで私も部門間の隙間に落ちてしまう仕事を拾い、自分の責任範囲を少しずつ広げていきました。その際、ほかの部署との接点が増え、今まで誰も手を出していなかった仕事が回るようになったことで、役職が上の人からも下の人からも感謝され、頼りにされるようになりました。

自分の部署にいたときにはできなかった人間関係が、自分が誰もやっていない仕事に手を伸ばすことで、広がっていったのです。

そして、この仕事は自分のところではできなさそうというものが持ち込まれるようになったり、逆に私から「手が足りないので手伝ってもらえませんか」とお願いしたりするような関係になっていきました。

ここで、今まで分断されていた複数の部門の情報共有が一気に進んだのです。

上司の立場からすると、仕事をやり遂げてくれる人は当然評価されるだろうと思う方も多いと思いますが、部下の立場から見ても、仕事をやり遂げてくれる上司のところには人が集まります。

「これ、どうしても部長を通しておいてください」と言われたものを、きっちり通して、さらに、関係各所に根回しまでしておいてくれる上司がいたら「使える上司だ！」と思いますよね。そして、その人との仕事での接点を増やすようになるでしょう。

職務を超えて、引き受けた仕事はやり遂げる。これが情報が集まる人に共通している特徴です。

ぶらぶらマネジメントで、タバコ部屋もどきが作れる

なぜタバコ部屋や飲み会、はたまたゴルフが重宝されてきたかというと、雑談から生み出される意見交換やアイデア創出の場の一つとなっているからです。

雑談を是としている場のため、フラットで気軽なコミュニケーションが前提となっています。

しかし、なにもタバコ部屋へ行かなくても、こういう環境は作り出すことが可能です。

ヒューレット・パッカードは、経営者の歩き回りでオープンコミュニケーションを生み出す企業文化を作ったと言われており、「**マネジメント・バイ・ウオーキング・アラウンド**」と呼ばれています。

私も、二十代の頃に指導してくれた先輩が、社内をぶらぶら歩き回って、自分のスタッフの状況を探っていたことから、この「ぶらぶらマネジメント」を取り入れました。

週二、三回は三十分くらい各部門のフロアへ行き、ただぶらぶらと歩き回って、会う人会う

人に、「こんにちは」「最近どうしてる？」などと声をかけて回るのです。

こうすることで、問題がありそうな人は、自分で顔を見て特定ができますし、ぶらぶらしていると「秋山さん、ちょっとお話が」と声をかけられて、オフィスの片隅でミーティングをしたりもできます。


このようなインフォーマルな場では、定期会議というフォーマルな場とは出てくる情報のレベルが違います。

こうして、勤務時間の中で、フォーマルに、カジュアルに、人との接点を作っていくことで、情報が集まってくる人になるのです。

タバコを吸わなくても、お酒を飲めなくても、ゴルフに行けなくても、こういう形で社内で動いていると、情報は確実に集まります。

社内情報収集の力
ここがポイント！

❶ 人に興味を持ち、相手にたくさん話をしてもらう

❷ 状況を見極めて、キーパーソンとも仕事を一歩超えた人間関係を築く

❸ 職務を超えて、引き受けた仕事は必ずやり遂げる

ワンランク上のビジネススキル2

会社の成長につながる成果を出す力

二十代後半の頃、リクルート出身のAさんと一緒に仕事をしました。

Aさんは、攻めるビジネススタイルで仕事をぐいぐいひっぱっていく人で、**作り上げた事業の屋台骨が揺るがないように、次々と新しい施策を打ち、ほかに成長できる領域がないかを考え、どんどん行動に移していく人**でした。

名もないベンチャーにもかかわらず、ビジネスを拡大していくその姿を見て、「私もこんなビジネスパーソンになりたい！」と憧れました。

一方で当時、一緒に仕事をしていたチームメンバーに、自分磨きに熱心なBさんがいました。

彼は、ビジネススクールに自腹で通っていました。仕事の議論で「このケースでは……」「この理論では……」「要するに戦略がないんですよ」など、**ビジネススクールで学んでいるこ**

とを話題に出してきたりするのですが、批評するだけで行動はしない。

何のためにビジネススクールに通っているのだろう？　と若かった私も疑問に思っていました。

AさんとBさんは対照的でした。

Aさんは難しい理論は知らなくても、「これがお客さんに刺さると思う！　今から行ってくる！　ゆかりちゃん、これ調べておいて！」と、私が得意な領域の宿題を残しつつ、営業先に飛んでいってしまうので、業務上で具体的なアドバイスをもらったことはありません。

しかし、Aさんの姿を見て、**会社の成長のために自分が動けるかどうかが、チームとして成果を出していくことにつながるし、その過程において、自分ができることとできないことも明確になっていく**のだなぁと、漠然とですが気づくことができました。

また、Aさんからは、リクルートの旧社訓、「自ら機会を創り出し、機会によって自らを変えよ」を教えていただきました。これは、一九六八年に創業者である江副浩正氏によって作られたもので、リクルート事件後の一九八九年に公式な社訓としては姿を消したものの、リクルート出身者の間では、この社訓に大きな影響を受けたという人が少なくないそうです。

「自ら機会を創り出す」とは、会社に与えられるのではなく、自らが成長する機会を創って、成長していくということです。

成長には、個人の成長と会社の成長とがあり、その両方の側面がないと、会社としては個人を自由にサポートはできないでしょう。

だから、個人の成長だけでなく、会社の成長にもこだわることで、人は会社という場で大きく成長できるのです。Aさんから教えてもらったリクルートの旧社訓は、私の仕事の仕方を変えるきっかけになりました。

会社の成長につながる成果が出せているか？

私に限らず、Aさんから大きな影響を受け、会社にとっての結果を出すようになった人は、**会社への成果を出す過程で、ビジネスパーソンとして必要なスキルを身につけている**と感じました。

もちろん、Bさんのように自分に足りないスキルは何か、自分よりも上の人たちを見ながら逆算して、勉強をして身につけていくことも大切です。

しかし、**自分が考えているスキルが本当にビジネスの現場で生きてくるのかは、現場で経験しないとわからない**ものもあります。

AさんとBさんの仕事のスタイルを見比べることができたおかげで、私は自分のスキルを磨くことももちろん大事だけれども、一個人として、**会社の成長に貢献しながら、自分の成長機会を作り、スキルを身につけていく**仕事のスタイルを築くことができました。

今でも常に、会社の戦略の方向を確認しながら、以下の質問を自分にしています。

・会社はどこで成長できるのか？
・そこでどう勝つのか？
・それにはどんな課題があるのか？
・そこで自分ができることは何か？

こうして、**考えながら走り、また考えて走ると、会社の成長につながる結果を出せる**ようになっていきます。

結果を出すことを考えていると、「私に今足りないのは、社内調整力だ！」と社内調整力の大事さに気づかされたり、「M&Aをやりたいのに、デューデリジェンスのスキルが低い！」と気づいたりして、**現場で結果を出すために、勉強をする**というサイクルを回せるようになっていきました。

結果を出すと社内で高く評価され、自分が会社の成長につながる貢献ができたことがわかりました。

同時に、「自分もワクワクするからやりたい！」というプロジェクトに入れました。

また、社内で評価された実績は転職をするときにも、「これを私がやりました」と履歴書に書くこともできるので、個人としての次のステージにもつながっていきます。

できない理由を考えるのではなく、やれるようにする方法を考える

もう一つ、私が会社の成長につながる結果を出すときにこだわっているのが、**なんとしてもそれをやれるようにする方法を考えること**です。

たとえば、どうしても会社の成長に必要な新しい事業を考えなければいけない場面で、ある顧客ニーズが上がってきていて、それを事業化しようという議論がありました。

すると同僚が「でも、こんなリスクがあります。訴えられたらどうするんですか」と発言しました。

その発言に対して私は、「だったら、この会社とアライアンスを組めば、そのリスクは下げられますよね？」「毎週実施するのではなく、年四、五回提供するサービスとして、少し価格を上げてでも、ユーザーニーズがあるならば、ビジネス化してみたら、訴訟リスクを下げられますよね？」と、矢継ぎ早に、リスクを下げる方法を提案しました。

最終的には、どんなリスクがあり、そのリスクをどういう施策で下げられるか、その結果、売上・利益がいくらで、訴訟が起きる確率とそれによる会社への損害はいくらかを試算し、役員会へ提示。事業化を試みることになりました。

自分の成長だけでなく、会社の成長にもこだわること。

そして、**できない理由を考えるのではなく、リスクを冷静に評価した上で、できる方法を考えていくこと。**

この二つにこだわると、自分自身も成長し、無謀ではないビジネスパーソンとしての動き方が身についていきます。

会社の成長につながる成果を出す力
ここがポイント！

❶ 自分磨きのためではなく、現場で結果を出すために勉強をするというサイクルを回す

❷ 自分の成長だけでなく、会社の成長にもこだわる

❸ できない理由を考えるのではなく、リスクを冷静に評価し、できる方法を考える

ワンランク上のビジネススキル3

大きなビジネスを生み出す構想力

「女性が大きなビジネスを作れるようになるにはどうしたらいいのでしょうか?」

先日、一緒に食事をした大手日系企業の女性役員から、こんな相談がありました。その企業では女性登用が進んでいて、女性の部長職もずいぶんと増えたそうです。しかし、彼女たちが作り出すビジネスは、社会貢献や女性の生活支援関連の領域で、数億円にも満たない売上。**会社の本業の売上を超えそうな規模に成長しそうなものはまったく出てきていない**と聞きました。

新規事業は、会社の中長期の成長を担う取り組みです。新規事業を立ち上げにくい大企業の中で、新規事業に率先して取り組んでくれる存在はありがたい。しかし、大きく育つ見込みがない事業を次々立ち上げても、未来は開けない。

数億円規模の新規事業の立ち上げが続き、マイナスの評価が社内に流れはじめた頃、社長から、「**大きなビジネスを作れていない**」「**企業のビジョンを描けていない**」と指摘を受けたと話してくれました。

確かに、世界的大企業を作ったのは男性です。ソフトバンクの孫正義氏のように会社の在り方そのものを変えるような大型買収をして話題になるのは男性の経営者ばかりです。

女性がビジョンを描けず、大きなビジネスが作れないのは、男女の脳の構造の差にあるとか、女性に妄想力がないからだとか、いろいろな考察が出ています。

GEの事業開発部には女性も少なからずおり、私のGE在任当時は、現・世界自然保護基金（WWF）副議長のパメラ・ダレイさんが事業開発のトップだったので、女性に大きなビジネスが作れないと言われてもあまりピンときませんでした。

女性に大きなビジネスは本当に作れないのでしょうか？

「女性リーダーは構想力に欠けている」との調査結果

フランスのビジネススクールＩＮＳＥＡＤが、同校のエグゼクティブ・プログラムに参加した一四九ヵ国二八一六人の三六〇度評価データを分析したところ、ビジネスチャンスやトレンドを察知し、戦略の新たな方向性を指し示す「構想力」は、女性は男性に劣っているという結果が出ました＊。

それ以外のリーダーシップ項目のほとんどは、**女性のほうが男性よりも高い評価を得ているという調査結果の中で、唯一劣っている項目が「構想力」**だったのです。

＊出典："Women and Vision Thing", Herminia Ibarra, Otilia Obodaru, Harvard Business Review,（二〇〇九年一月）

ハーミニア・イバーラ教授らは、この結果をさらに掘り下げ、女性リーダーの三つの特徴をまとめました。

❶ 女性リーダーにビジョンがないのではなく、ビジョンを生み出すプロセスが異なり、

周囲から評価されにくい

❷ 具体的な事実や分析結果、細部をないがしろにするのを危険ととらえ、根拠のないビジョンに基づいて指示を出さない

❸ 女性はビジョンを重要視しない

❶では、**女性リーダーは、多くの人を巻き込みながらビジョンを作るコラボレーション型で**あり、「みんなで作った」ことを強調する特徴が挙げられています。

一方、男性リーダーは、少数精鋭で自らが中心となってビジョンを作り、「自分が作った」ことを明確にする傾向があります。どちらのプロセスがよいかは一概には言えませんが、プロセスによって、周囲へ与える印象に違いがあることを知っておいたほうがいいでしょう。

❷のように危ない橋を渡らない性質は、性別に対するステレオタイプの認識が女性の立場を厳しいものにしているため起きているとイバーラ教授は分析します。

❸のビジョンを重視しない特徴は、女性リーダーが未来への構想を軽視するがゆえに構想力

の重要性に懐疑的な傾向があることに起因します。**組織を率いていくときに、現実的な路線を採ることが多い**のです。それは、目の前の仕事の実績を出すことで、社内外の信頼を勝ち得てきた背景が、女性リーダーの行動パターンとなっているからです。

イバーラ教授らの論文の指摘を真摯に受けとめ、女性リーダーの課題である「構想力」の向上を図るには、**意識的な訓練を通じてその獲得を目指す**必要がありそうです。

複数資料の共通ワードを探す

大きなビジネスを生み出す際に必要不可欠な構想力は、**目の前にないものを想像し、未来をイメージして、そこに対して行動していく力です**。未来を創造していく力と言ってもいいでしょう。

スティーブ・ジョブズのように生まれながらのビジョナリーはほんの一握りです。構想力はトレーニングで磨けます。

まず必要なのは、**社会構造の変化を察知し、衰退分野から成長分野へ事業の基軸を移すこと**です。そして、成長分野に絡んだ新規事業を立ち上げるために、**未来を「予測」し、「仮説」を立てます**。

未来を正確に予測するのは、非常に難しいことですが、多くの専門家を動員して作り上げられている複数の資料をあたれば、「こちらの方向に変わっていく」という大筋は見えてきます。

たとえば、未来予測関連の書籍で私がよく読み返すのは、『2100年の科学ライフ』（ミチオ・カク著、NHK出版、二〇一二年）、『2052　今後40年のグローバル予測』（ヨルゲン・ランダース著、日経BP社、二〇一三年）などです。

未来に起こりうる出来事を年表にまとめた「未来年表」もおススメです。ネットで無料でアクセスできるものも多く、たとえば、『NRI未来年表』（野村総合研究所）や『未来年表』（博報堂生活総合研究所）などがあります。

これらには、聞きなれない単語や専門用語も出てきますが、わからない用語やコンセプトが何度も出てくる場合は、「わからないことがわかった。何度も出てくるということは、いずれ理解しなければいけないことだ」と認識できます。
次の二点にだけ絞って斜め読みをするだけでも、多くの示唆が得られます。

・複数の資料にどんな共通点があるのか
・今後どんな技術が発達し、どんな分野が伸びていくのか

「十年後、どんなビジネス環境で戦っていくのだろうか？　わが社はそのときどういう事業をしているだろうか？」

こう自問し、自分なりの仮説を立てる練習をすることで、未来を予測する感覚が作られていきます。

リーダーシップチームで議論する場を作る

ＧＥでは、ＬＩＧ（Leadership, Innovation, and Growth）というセッションがありました。

一週間マネジメントチームが集まり、事業を成長させるためのプランニングを行います。ＬＩＧは研修ではなく、経営陣が事業計画と行動計画を作り、すぐに行動を起こすことが期待されています。

このＬＩＧでは、ビジネスを考えていく上で、ＢＯＸ1、ＢＯＸ2、ＢＯＸ3の領域ごとにイノベーションのレベルを設定し、議論していました（図表4）。

ＢＯＸ1は、現在のビジネス領域で大きな売上を作るイノベーションです。

「コア事業をより強くしていくには、どうしたらいいのか」を議論します。

図表4　イノベーションレベル

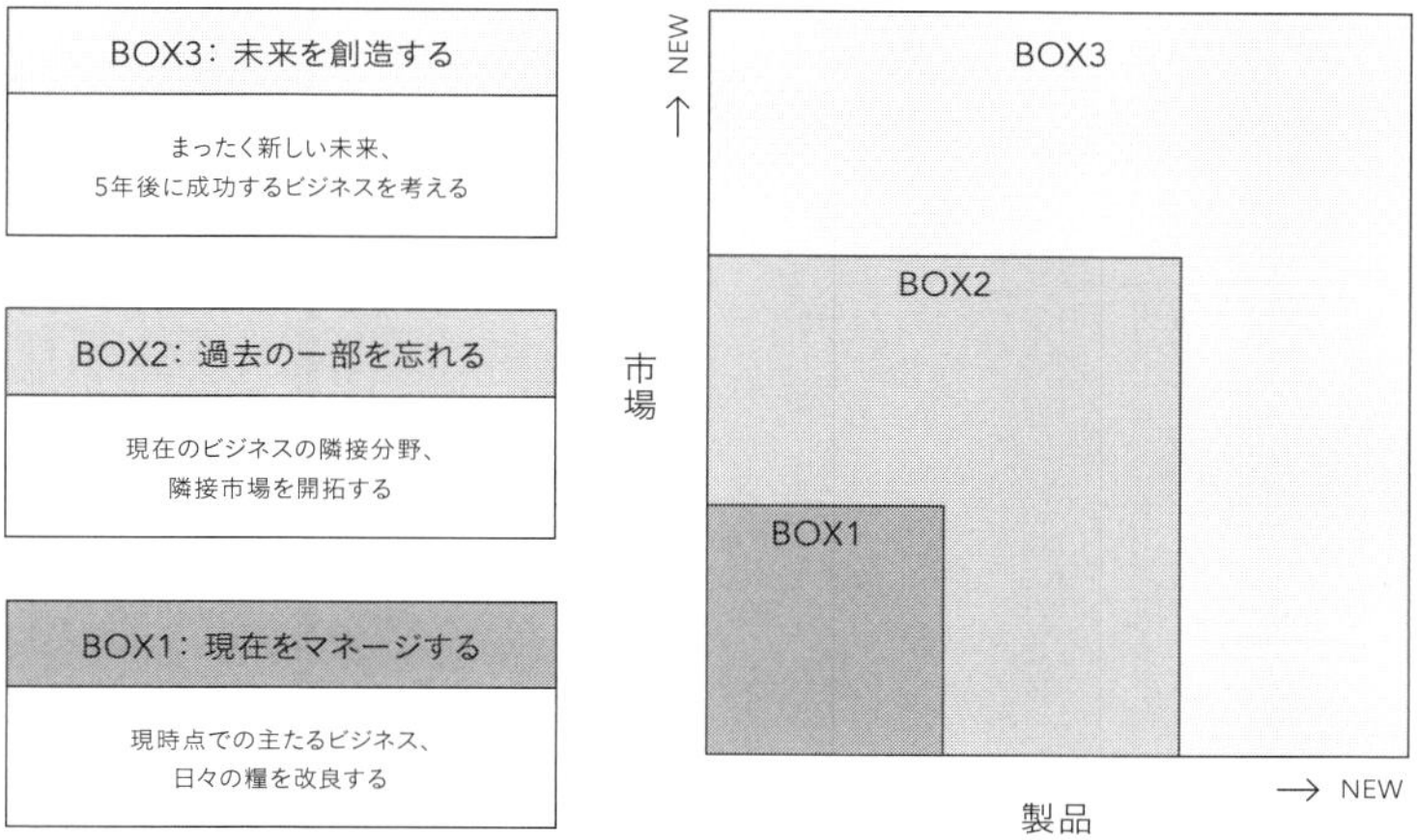

出典：GE

たとえば、売上を拡大するために、何ができるか。「中国やインドなどのアジアだけでなく、ブラジルをはじめとするラテンアメリカをターゲットにできないか？」など、新興国市場の議論をします。

さらに、コア事業を強くしていくには、「オペレーションでイノベーションを起こせるか？」など、利益拡大の議論も行います。最近話題の人工知能（ＡＩ）によるオペレーションの効率化もこのＢＯＸ１で議論される内容です。

ＢＯＸ２は、現在のビジネスと隣接するエリアでのイノベーションを考えます。

すでにある技術を、違うマーケットや顧客に対して売ることができないかなど、今あるものを新しい分野に拡大する方法を検討します。

隣接する領域とは、医療機器と製薬など近い分野を思い浮かべがちですが、自分たちが持っている技術や顧客がかぶる領域があれば、まったく違った分野でも隣接エリアと見なします。

「半導体製造プロセスは、細胞培養プロセスに似ている。われわれが持つ半導体製造技術をバイオのお客さまに売れないか？」など、似ている部分を探し、普通で考えたらありえない領域を掛け算で考えていきます。自分たちが「快適な領域（Comfort zone）」から出て行き、挑戦する場所を探すのです。

富士フイルムの写真フィルムで培ったコラーゲンやナノ化技術を化粧品開発に応用したケースは、ＢＯＸ２の好事例です。

ＢＯＸ３は、まったく違う領域で革新的な製品やサービスやビジネスモデルでイノベーションを起こすことを模索します。

たとえば、当時はネットでモノを売るという発想がない中でアマゾン・ドット・コムがオンライン書店をはじめたり、タタ自動車が当時市販されているもっとも安い車より約四〇％も安い二五〇〇ドルの車をインドで売りはじめたりしたことです。

このＢＯＸ３の議論では、未来はどうなっていくのだろうか、世界はどうなっていくだろうかということを強制的に考えさせられます。

自分たちのビジネスを全否定することになるかもしれません。しかし、**事業の衰退は必ず起きること。将来起きる「リスク」ととらえ、柔軟な発想で未来を創ることを考え、議論するのがポイント**です。

何も考えないのではなく、未来を考え、「自分の事業をどうすれば成長させられるのか」「まったく違う領域に踏み込んでいったらどうなるのか」を議論する場を作ることで、構想力を磨いていくのです。

未来を常に意識していると、ネットやテレビで目にするニュースからも、いろいろなヒントを得られるようになってきます。そこから自分なりの仮説を立てていくことでビジョンを作っていくことができるようになります。

未来を創る構想力は、練習を重ねることで磨かれるので、ぜひ新たな一歩を歩み出してください。

大きなビジネスを生み出す構想力
ここがポイント！

❶ 複数資料の共通ワードをつかんで仮説を立て、未来予測の感覚を訓練する

❷ 社会構造の変化を察知し、衰退分野から成長分野へ事業の基軸を移す

❸ 領域ごとにイノベーションのレベルを設定し、それぞれについて議論する

ワンランク上のビジネススキル４

不安な状況下での意思決定力

女性キャリア向けの講演の質疑応答で「大きなビジネスを決めるときに不安はなかったのか？」と聞かれることがよくあります。

不安はもちろんあります。特に、ＧＥに勤務していたときは、リーマン・ショックというＧＥ最大の危機があり、私自身はじめての経験も多く、常に不安を抱えながら決断を下していきました。

ここでは、**重要な場面における意思決定のスキル**について、私の経験も交えながら説明していきたいと思います。

危機のはじまりは一本の電話

二〇〇八年九月十五日の朝、ニューヨーク。当時、GEインターナショナルの戦略・事業開発本部長を務めていた私は、前日までGE全社の事業開発リーダーが集まる会議で連日深夜まで仕事をして疲れ気味。少しゆっくりしようと思い、滞在中のホテルでのんびり朝食をとっていました。そのとき、同僚から電話が。

「今すぐニュースを見て。荷物をまとめて会社に来て」

いつもは冷静沈着な同僚の動揺した声に、仕掛けていた企業買収でのミスが発覚したのか、大型のコンプライアンス問題が勃発したのか、いったい何が起きたんだろうと考えながら、ホテルの部屋に急ぎました。部屋に戻ってテレビをつけると、「リーマン・ブラザーズ破たん」のニュースが映し出されました。

リーマン・ショック当時、GEの金融事業は、GE全体の売上高の四割近く、総資産の八割を超え、中でも、コマーシャル・ペーパーによる短期金融市場に依存した調達構造になっていました。リーマン・ブラザーズの破たんにより、短期金融市場の流動性が一時的に枯渇するのは容易に想像ができました。

金融事業依存になっているビジネス構造から、今後非常に苦しい時期が来るのだと予測され、脇にじわっと汗がにじんできました。

その日は午後の便で帰国する予定でしたが、しばらく自宅には戻れないだろうと、フライトをキャンセル。荷物をスーツケースに放り込み、オフィスへ向かいました。

何に対して答えを出すのか？ 自分なりの仮説を持つ

ホテルから会社へ向かうタクシーの中でしたこと。それは、「**うちの会社がこの状況を生き残るために、事業開発部は、今、何をすべきか？**」を考えることでした。

いつもバッグに入れている手のひらサイズのメモ帳を片手に、「**何に対して答えを出せば、この状況を乗り切れるか？**」について、私なりの仮説を書き出していったのです。

ホテルからオフィスまではタクシーで十分ほど。短い時間ですが、下記のように、単なる思いつきに思えるものでも、レベル感など気にせず、ひたすら書き続けました。

・リーマン破たんの影響を分析し、影響が出る部分を切り離したり、補てんできたりするか？（シナリオを複数用意したって、想定外な部分がありすぎでは？）
・金融事業依存の会社の事業構造を変える（そんなに悠長に構えられるの？　事業構造変えるってこの規模の会社だと時間かかるよね？）
・時間稼ぎのための資金を得る（どのくらいの時間稼ぎが必要か？　半年？　一年？　いくら？　どこからゲットする？）

会社のビルが見えてきて、もうすぐ会社に着くというタイミングで、自分が書き出した中で一番筋がよさそうなものに下線を引き、タクシーを降り、間もなくはじまる緊急ミーティングに臨みました。

自分の頭が少しでも整理されていれば、「あなたはどう思うか？」と聞かれても答えられますし、ほかの人が出していない意見があれば、それを出すことができます。

自分たちが答えを出せることにこだわる

オフィスには、事業開発リーダーが次々とやってきました。集まったメンバーが最初に議論したのは、私たちは「何に対して答えを出すのか？」についてでした。いわゆるイシューツリー（図表5）の「Central Question（課題）」をどう設定するかの議論です。私は、タクシーの中で作ったメモをベースに、自分なりの意見を出すことができました。

議論の結果、自分たちで答えが出せることをCentral Question とすることにしまし

図表5　イシューツリーによるCentral Question の設定

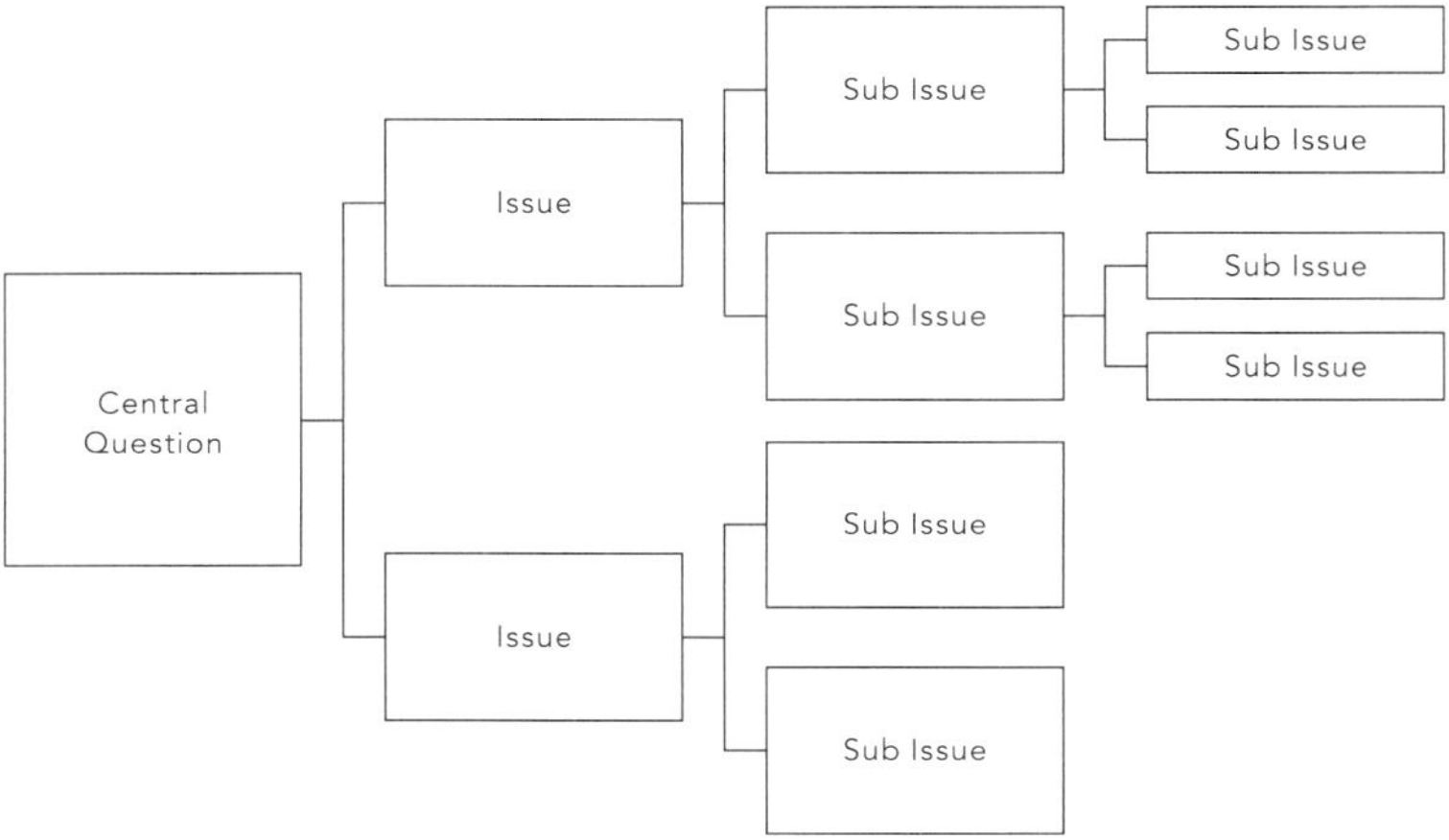

た。

リーマン・ショックを受けて、アメリカ市場だけでなく、各国でどのタイミングでどう変わるかは、自分たちにはコントロールできない変数が多すぎて、精度の高い予測などできません。時間がない中、複数のシナリオを作って、シミュレーションし、リスク評価をするのも、時間の無駄になりそうだという発言も出ました。

そこで、**読み切れない未来を考えるのはやめようと決めたのです**。

さらに、私たち事業開発部は何をすべきか、という議論にもなりました。立場が違えば、設定する課題も異なります。原点に立ち返って、自分たちの会社の中での役割について改めて言語化した上で、課題設定を考えました。

最終的には、今、この場にいる私たちがやるべきことは、経営陣が事業構造を変えていくための時間稼ぎをすることだと結論を出し、「**時間を稼ぐための資金の確保ができるか**」**をわれわれの課題として設定した**のでした。

どのくらいの時間が必要かについては、過去の構造改革のときの経験をベースに経営陣とディスカッションして案を出しました。それに基づいて必要金額を概算した上で、「ターゲット○ドル」と設定し、すぐさま当時の最高経営責任者（ＣＥＯ）のジェフ・イメルトに電話。われわれのアクションを報告、承認をもらいました。

こうして、ニュースを目にしてからわずか一時間後の午前九時すぎ。私たちは会社がこれから一年間生き残れるための資金を確保するプロジェクトを立ち上げたのです。

イシューツリーを作り、自分たちがやることを決める

Central Questionを「時間稼ぎをするために、資金○ドルを○日で確保できるか」と設定した後は、それをどうやって実行するか、第四レイヤーまでのイシューツリーをチームで作りました。

イシューツリーを細分化して自分たちがやるべき内容を明確にした上で、イシューツリーのどの部分を誰が担当するかを決め、各自が作業に入ります。

このとき、私が担当することになったのは、なんとほとんど経験のない金融事業領域でした。今回のリーマン・ショックでもっとも大きな影響を受けた領域です。会社が厳しい状況を迎える中で、大きな責任を背負うことになったのです。

はたして私にできるのか、不安が込み上げてきました。どんどん膨らむ不安にどう向き合って大きな意思決定を含む業務を進めたのかについては、後ほど説明したいと思います。

イシューツリーを作る意義

このように準備期間がほとんどない状況で意思決定を伴うプロジェクトを立ち上げる場合は、**短期間でプロジェクトが答えを出すべき課題を明確にすること**が、プロジェクトの成否を決めると言っても過言でないでしょう。

役に立つのが、先にご紹介したイシューツリーです。もちろん、時間が十分にあったとしても、イシューツリーを作るのは効果的です。理由は三つあります。

❶ メンバー全員が共通目的を持って、同じ方向に向かえる

仕事は一人でするのではなく、チームでする場合が多いでしょう。他人が何を考えているのか、すべて知ることは無理です。そこで、**チーム全体が共通して全体像を持つことで、同じ方向を向くこと**ができます。「今、私たちが答えを出そうとしているのは、これ」と自分たちがいる場所を明示できるので、迷子になりそうなときに、自分たちはどこへ向かっていたのか、立ち返る指針となります。

❷ アドバイスをもらいやすくなるので、人の経験・知恵をフル活用できる

イシューツリーがあると、人に相談しやすくなります。「論点はこれ」「わからないのはこの部分」と**自分がわからない場所が明確になっているので、「この部分を知りたいなら、この領域のプロフェッショナルはこの人！」と相談相手を決めやすい**ですし、もし相談相手がわからなくても「○○の分野をよく知っている人は誰ですか？」と社内外で聞いて回りやすいのです。

今回のケースだと、「リーマン・ショックのような未曽有の金融危機の乗り切り方をよく知

っている人」を探すよりも、「〇〇事業の売却リスク評価ができる人」を探すほうが簡単です。そして、人に相談することで、自分が見えていなかったことを指摘してもらえたり、より適切なイシューの設定方法を指南してもらえたりします。

適切な論点が設定されていて、それをイシューツリーで細分化してあると、専門家も、こちらがどこまでわかっていて、どこからわかっていないのか、どの点だったら自分が付加価値をつけられるかがわかりやすいので、より具体的なアドバイスがもらえるケースが多いでしょう。

❸ メリハリをつけることで作業が減らせる

イシューツリーを作ることで、「この部分は既知のことだから、作業しない」「もうここは結論が出ている」「ここは深掘りしないと結果が出せない」など、自分たちが答えを出そうとしていることに対してやるべき作業の所在が明確になります。

自分たちのやるべき作業を理解するだけでなく、いろいろな作業をしたけれど、自分たちの答えを出すためのアクションにつながらなかったという事態を避けるために、どの部分に重きを置くのか、**優先順位を考え、不要なモノは切るなど、メリハリをつけるサポート**もしてくれます。

課題設定の精度を上げる方法は、経験を積むしかありません。私もいまだに得意だとは思っていませんが、毎回「自分は何に対して答えを出そうとしているのか?」を意識して、書き出し、そしてチームでシェアして、その課題を精査しながら仕事をしています。

イシューツリーもプロジェクト初期に作ったものと、プロジェクト終了時のものが異なることはよくあります。プロジェクトが終了したタイミングで、「最初に設定した課題と、最終的に出した課題はどこが違うか?」を必ず検証しています。そうすることで、自分の見えなかった課題について学ぶことができます。

なお、この課題設定については、仮説思考を扱っている次の二冊が非常にわかりやすいのでご紹介します。何度読み返しても、学びの多い本です。

・内田和成著『仮説思考』(東洋経済新報社、二〇〇六年)

・安宅和人著『イシューからはじめよ』（英治出版、二〇一〇年）

不安要素は何か？
自分の心をのぞく時間を作る

次に、出張中のニューヨークのホテルでリーマン・ブラザーズ破たんのニュースを知り、すぐにオフィスへ向かった後の話をしたいと思います。このとき、**どのように自分の中の不安と対峙したのか、**その具体的な方法について紹介します。

前述のように、ニューヨーク・オフィスに設置された「ＷＡＲ　ＲＯＯＭ」（作戦司令室）と呼ぶ会議室に集まった事業開発の幹部たちで、まず何をすべきかディスカッションをし、イシューツリーを作り上げ、自分たちの行動方針を決めました。

その中で、私に課せられたのは経験の浅い金融業界での業務でした。今回の危機の本丸です。私は自分の中で不安が高まるのを感じました。

担当が決まった後、作業に入る前に、私はトイレに行きました。トイレに行ったのは、一人になって自分の心をチェックするためです。これからやる任務は、GE全社員、取引先、お客さまに少なからず影響が出ることです。適切な判断ができなければ、GEという会社が存続しないかもしれない。そんな危機意識がありました。

欲望や不安感などがある場合の意思決定は、マイナスの影響が出ると、ハーバード・ビジネス・スクールのフランチェスカ・ジーノ教授が発表した「助言を求めるのはよいことか？　不安が意思決定を歪める＊」をはじめ、さまざまな研究によって明らかになっています。

＊出典：『ダイヤモンド・ハーバード・ビジネス・レビュー（二〇一四年二月二十五日）』
URL; http://www.dhbr.net/articles/-/2411
原文 "How Anxiety Can Lead Your Decisions Astray", Harvard Business Review(二〇一三年十月二十九日)
URL;https://hbr.org/2013/10/how-anxiety-can-lead-your-decisions-astray

自分の心の状態をチェックし、今どういう状態なのかしっかりと認識をすること。これがトイレに行った五分間でしようとしていたことです。

以下の質問を自分に問いました。

- **不安なことは何か？**
- **不安なことは自分がコントロールできるものか、できないものか？**
- **できないものだとしたら、自分が納得できる形で解決できるか、できないか？**
- **できないとしたら、不安な状態を無視する、もしくは加味した上で、日々の業務をこなせるか？**

こうやって自分に問うことで、自分の心の状態に気づき、**自分がコントロールできるもの、できないものに分けられます。**コントロールできることは策を講じ、コントロールできないものは諦めるなど、心の中で区切りをつけることができます。

大切なのは、目の前にある不安だけを見つめることではない、ということです。ささいなことでも、仕事でもプライベートでも、気になること、不安なことがあれば、仕事に集中できません。集中できないと意思決定の精度が下がります。どんなことが不安なのか？　気にかかる要素すべてを洗い出しました。

このとき、私は不安なことが二つありました。二つの不安に対して、それぞれの問いにどう答えたのかをご紹介します。

自分の中の不安に向き合って、はっきりさせ、具体的な対策を考える

不安要素❶　家族に負担をかける

・不安なことは何か？

これから先どのくらいの期間、家を空けることになるのかがわからない。
家族としての自分の役割が果たせなくなることで起きる不都合が不安。

・その不安なことは、自分がコントロールできるものか、できないものか？

どのくらい家を空けるかはコントロールできない。家庭も大切だが、仕事も大切。現時点で仕事を放り出すことは私には絶対にできない。

ならば、仕事か家庭かで悩むのは時間の無駄。

・できないものだとしたら、自分が納得できる形で解決できるか、できないか？

家族としての役割が果たせなくなることは、夫・両親・親戚に頼むことや、アウトソースを利用することで一時的には回避できそう。

親族かアウトソースかの切り分けは、夫の判断に任せるのが、今打てる最善の手だ。

・できないとしたら、不安な状態を無視する、もしくは加味した上で、日々の業務をこなせるか？

両親や夫をはじめとする家族との関係のフォローは不可欠だが、帰国してから考えるのでも遅くはないだろう。アウトソースはお金で解決できる。不安な状態は無視できる。

後に、私が日頃、家庭内の見える化をおろそかにしていたため、夫にかなりの不都合が生じたことがわかりました。以後、何がどこに保管されているか、家族それぞれの体調報告、アウトソース先の評価などの家庭内の見える化を徹底することで、突発時・本人不在時でも引き継ぎがスムーズにできる環境を整えています。

不安要素❷　金融業界をよく知らない

・不安なことは何か?

このプロジェクトで私が担当となった領域は金融業界。
普段は製造業の担当で、金融業界はほぼ素人。
事業開発プロセスは大きく変わらないとはいえ、専門知識が足りない。
学ぶ時間的余裕もない。
そんな私は適切な意思決定ができるのだろうか?

・その不安なことは、自分がコントロールできるものか、できないものか?、

プロジェクト準備期間はコントロールできない。
専門知識を自らすぐにプロ並みにするのは無理。

・できないものだとしたら、自分が納得できる形で解決できるか、できないか？

プロジェクトを進めていくための全体像の設計、意思決定に必須な部分は、専門家の活用や同僚を巻き込むことで、プロジェクト・マネジメントは可能。

・できないとしたら、不安な状態を無視する、もしくは加味した上で、日々の業務をこなせるか？

全体像の設計とその中で自分が特にわからないことを明確にし、その部分を中心に金融業界三十年の同僚に相談しながら、会社にとってもっともよい選択になっているか、しっかり考えることで業務は適切にこなせるはずだ。

このように自問自答しながら、自分の不安を整理し、不安があっても適切な意思決定に自らを導いていけるようにしました。

個人の作業も
イシューツリーで全体像を作ることがカギ

不安な気持ちが自分の中にあると認識することで、次のアクションが見えてきました。

専門知識がほとんどない中での意思決定が、私の不安要素でした。しかし、それまでにも専門外の領域で多数仕事をしてきていたので、そのときの経験を生かすように頭を切り替えました。

具体的には、ボストン・コンサルティング・グループ（ＢＣＧ）時代に、現・早稲田大学ビジネススクール教授で当時ＢＣＧ日本代表だった内田和成さんにたたき込まれた「**仮説思考**」**ベースで仕事を進めることです。**

ＷＡＲ ＲＯＯＭに戻った私は、自分の担当部分のCentral questionを定義し、論点を整理するために自分の担当業務についてのイシューツリーを作り上げていきました。

イシューツリーを作りながら、「仮説は何か」もあわせて書き出し、仮説が作れないところは、「仮説なし」と書きました。

内田さんはＢＣＧでのメンターだったこともあり、仕事だけでなくプライベートの相談にもよく行きました。結婚報告に行ったときに、「その結婚は長続きするって仮説なの？」と聞かれて、爆笑したことがあります。

耳にタコができるほど、「論点は？」「仮説は？」と聞かれて育てられたので、ささいなことでも論点を整理し、**全体像の中で自分の立ち位置を考えることができる**ようになっていたのです。

ちなみに、**イシューツリーは毎回すべてゼロから作ります**。過去からの流用はほとんどしません。その状況に合ったイシューツリーにしなければ意味がないからです。

したがって、ほかの人が過去に作った、詳細がよくわからないイシューツリーは参考にならないので、誰かにイシューツリーを見せてほしいと尋ねることはありません。

自分の頭でしっかりと考えて動いていく。**これが大切なことです**。

出来上がったイシューツリーを金融業界三十年以上のベテランの同僚に見てもらい、三十分ほどディスカッションし、修正を加えていきました。自分では仮説が立てられない部分に対して、アドバイスをもらうことができましたし、専門家に確認するところを明確にし、社内外のエキスパートを紹介してもらうこともできました。

こうして、**自分の経験があまりない分野でやるべきことを明確にし、意思決定をしながら業務を進めていった**のです。

リーマン・ショックでの経験は、**未知のものに出合ったときや危機的状況のときに、冷静に考え、人を巻き込みながら動いていくことで、問題解決の道はある**のだと私に教えてくれました。

自分一人で不安だと悩んでいても物事は前には進みません。**自分がコントロールできる不安なのか、コントロールできない不安なのかを明確にし、それぞれに対して手を打つことで、ぶれない意思決定ができるようになります。**

そして、自分で解決できないことは人に聞けばいい。目的地を示すことで、適切にその場所にたどりつける方法をアドバイスしてくれる人は、実にたくさんいるのです。

不安な状況下での意思決定力

ここがポイント！

❶ まずは、何に対して答えを出すのかという「Central Question（課題）」を定める

❷ 自分の中の不安要素も明確にし、イシューツリーを用いて、対策を立てる

❸ 問題の全体像と目的地を明確にすることで、アドバイスや情報をくれる人を見つけることができる

ポータブル・スキル❸　対課題力のまとめ

この章では対課題力ポータブル・スキルとして、ワンランク上を目指す人に特に重要な次の四つのビジネススキルを紹介しました。

1 社内情報収集力
2 会社の成長につながる成果を出す力
3 大きなビジネスを生む構想力
4 不安な状況下での意思決定力

対課題力は、仕事の処理対応能力とみなされていることが多いため、会社の研修等で対課題力の基礎スキルを学んでいることも多いでしょう。今のキャリアに、そして次のキャリアに何が必要なのか定義しやすいものです。

複雑な状況下で使いこなせるようになっていけるように、自分が身につけられているものは何か、自分が得意なものは何か、自分が習得しなければいけないものは何か、定期的に整理してみるとよいでしょう。

「前倒しキャリア」を実現するには

ポータブル・スキルを短期間で高めるためには、〝修羅場〟に飛び込め

ポータブル・スキルを身につける重要性はもうおわかりいただけたと思いますが、最後にそれを超短期間に習得できる、とっておきの方法をご紹介しましょう。

その方法とは、**積極的に修羅場を経験すること**です。

ポータブル・スキルは、**座学ではなく実践によって身につけられることが多い**と言われています。

うまくいっていない新規事業や不祥事の後始末など、**同僚が逃げ腰になるような「修羅場案件」に積極的に取り組めば、「対他人力」「対自分力」「対課題力」の三つの力をバランスよく飛躍的に伸ばす**ことができます。

なぜかというと、誰もやりたがらないような修羅場案件には、専門知識以上に、何が起きているのか、**全体を俯瞰《ふかん》する力**が求められるからです。問題に対して、どういう順序でアクションを起こしていくのか、**分析力・計画力・実行力**が不可欠です。

さらに、トラブっている現場では、関係者との**調整力、コミュニケーション力、交渉力も必要です**。これらがなければ、何事も片づきません。

毎日げんなりするような出来事が次々と起きる中、自分の**モチベーションを維持**しなければならないことに加えて、**タイムマネジメント力**も磨かなければ、掛け持ちしている現行の仕事がおろそかになり、結果的に何も成果を上げることができなくなります。

このように、修羅場案件は短期間にポータブル・スキルを無理やり伸ばす「超ストレッチ案件」なのです。

かつて私が在籍していたGEには、幸い、二年間で十年分のマネジメントを経験させるというポジションがありました。そのポジションでは前述したような修羅場に近い案件ばかりを担当することになります。

しかし、会社がそのように組織的に「超ストレッチ」の現場を設けているケースは多くはないでしょう。その場合は、自分で修羅場を見つけ、その中に飛び込んでしまうことです。

正しくリスクを取る人は、社内外で高く評価されます。社内では、「挑戦した事実」を上層部は見ています。事態をうまく収めることができれば、大幅に昇進する可能性が高くなります。社内で生き残れなかったとしても、修羅場を通じて得た経験は、確実にスキルとして自分の中に残ります。そして、社外に出て行く道が拓けるので、ライフイベントを機に、働き方を変えなければいけなかったり、仕事を失ったりするリスクがある女性には、特に有効ではないかと思います。

修羅場案件、私の場合

私は、三十代のときに、数百億円の巨額赤字とプロジェクト・メンバーの四〇%を超える離職率が問題となっていた〝大型流血案件〟から、会社を撤退させることを役員に直訴し、推進することになりました。社長から「どうにかならないか」という話を聞いていたのがきっかけです。

そのプロジェクトに入ってから一週間で撤退戦略を作り、その後は、現場の説得とクライアントとの調整の日々。数年間にわたってその現場を指揮してきたマネジャーから、「ここで撤退するなんてありえない」と胸ぐらをつかまれ、あやうく殴られそうになったこともありました。しかし、地道に対話を重ねた結果、彼の理解を得ることができ、メンバーの社員も説得することができました。

数ヵ月は地獄のような日々でしたが、半年ほどで完全撤退を実現しました。クライアントから「御社のおかげでうちは正しい道に戻ることができました」と評価していただき、離職率は外資系メーカー平均の九％まで下げることができ、巨額の赤字流出をとめることもできました。このプロジェクトを受注した役員からは、「引くに引けないプロジェクトになっていた。感謝する」と言っていただき、その後、昇進に力添えをしていただきました。

社内での評価とスポンサーを獲得した上、つらいプロジェクトの経験で自分のスキルを磨くことができ、その後のキャリアに大きくプラスになった出来事でした。

その後、出世競争に敗れて社外に出ざるを得なくなったときに高く評価されたのも、このようなリスクの高い案件を積極的に拾う姿勢や、そこで身につけた知識と経験でした。これを機に、積極的に修羅場案件に参加するようになっていったのです。

絶対に拾ってはいけない修羅場案件 修羅場案件は〝正しく〟拾う

修羅場案件と言っても、いろいろなタイプのものがあります。中には、「絶対に拾ってはいけない」修羅場案件というのもあるので、注意が必要です。

たとえば、どんなにトップから懇願されようと、収賄や背任といった違法行為に当たる案件に手を出してはいけません。違法行為に手を染めれば、いくら「会社に永遠に置いてあげる」と言われても、結局はその制裁を自分が受けることになります。

逮捕されて裁判にかけられた後、実刑判決が出た知人を何人か知っていますが、出所後、同じ会社に戻っても本流の仕事に戻れることはなかったし、実刑判決が決まった時点で解雇された人もいます。彼らは、「仕事上の倫理観がない」と社会から判断され、転職もままなりません。

だから、「**違法**」**のにおいがするものは、どんなに魅力的なオファーを出されようが絶対に拾ってはいけません。**

以前、一〇〇%「クロ」とわかっている仕事を押しつけられそうになりました。

そのとき、上司と社長に、「これは違法だとご理解なさっているはずです。違法にならないように処理するには四つの選択肢があり、それぞれこんな方法で、これだけのコストと時間がかかります。私のおススメは選択肢1です」と、説得しようとしました。

しかし、会社側からは、「実刑判決が出ても、初犯だから執行猶予が出るはず。絶対にクビにしないので、やってほしい。数年間、ある部署に行って、その後に今のポジションに戻ればいい」と言われました。

私は、なんとか会社を説得できないか、外部団体や弁護士などとともに試みましたが失敗に終わったので、辞表を出し、会社を去りました。

その決断をするときに、著名な経営者の先輩方に相談したのですが、全員から、「そういう会社は絶対に変わらない。変えるのが無理だから、さっさと辞めて、まともな環境を探しなさい」とアドバイスされました。

そのときは損をしたように見えても、法律に抵触する案件には手を出さないほうが、その後プラスに働きます。私も自分の信念を貫いて、会社を辞めるというつらい決断を下してよかったと思っています。

苦労してでも取りにいくべき修羅場案件とは？

こうした絶対に拾ってはいけない案件に手を出さないことに加えて、私が気をつけていることは、**押しつけられる案件は引き受けないこと**です。思いがけず巻き込まれると、自分を陥れるトラップが仕掛けられていることもあります。

そうではなくて、修羅場は自分から志願します。そのほうが自分の現況も踏まえてコントロールできるし、周囲のサポートをあらかじめ取りつけておくことができるので、成功する可能性が高くなります。

私が苦労してでも取りにいく修羅場は、次のような案件です。

・うまくいっていない新規事業を引き受ける
・不祥事の後始末を買って出る
・多額の赤字を出した事業の撤退・中止を指揮する
・事業再生のために社員の解雇を担当する
・取引を断られそうな大口顧客の担当を引き継ぐ

これらに共通しているものは、**❶会社にとって大きなプラスとなる、❷違法ではない、❸誰の目から見ても自分が原因でトラブっているものではない（トラブルの責任の所在は他人にある）**ことです。

これ以上失うものがないという状態であれば、万一成功に導けなくても、大きなお咎めはありません。むしろ挑戦したことを評価されるということも共通点に挙げられます。

どれも、**経験することでしか磨くことのできない対他人力を圧倒的に鍛えるチャンスがたくさん存在する**のも重要な点です。人間関係がものすごくこじれている中に自分を放り込むことで、今まで見えなかったものや、自分に足りなかったものに気づかされることが多くあります。

こうした修羅場案件は、戦略や計画を立てるだけでなく、それを着実に遂行していくことが求められます。**そのときの状況に合わせて、戦略や計画を素早く変えていく練習も積めます。**

その一方で、自分のちょっとした失言で、プロジェクトが大きく後退することや、メディアで騒がれて危機的状況に追い込まれることも少なくありません。**どんな状況でも冷静に判断し、最悪の事態も想定しながら動かざるを得なくなる**ので、無意識のうちに、三歩、**四歩先を見るクセがついてきます。**

プロジェクトが終わった頃には、飛躍的にポータブル・スキルが伸びたことが、自分で実感できるでしょう。

修羅場に入る前に準備しておくこと

ここで、修羅場に入る前にやっておくべきことを三つ紹介します。

❶ 修羅場に入るタイミングを見極める

一つ目は、修羅場に入るタイミングを見極めることです。

体調が悪いときや、妊娠・出産などのライフイベントが起きたばかりのときに、修羅場案件を引き受けるのはお勧めしません。

修羅場に入るとなると、最初の一ヵ月くらいはプライベートを犠牲にして働かざるを得ないことは間違いありません。精神的にも体力的にも余裕がない状態で引き受けると、既存の仕事まで修羅場となる可能性があるので、避けたほうがいいでしょう。

今やっている仕事は流す程度でもできるようになっていて物足りないなと思う時期や、プライベートが非常に安定していてちょっと刺激があったほうがいいなと思う時期に、修羅場案件に挑戦するのがいいと思います。

❷ 家族、周囲に相談し、根回ししておく

二つ目にしておくことは、家族・周囲への相談と根回しです。

家族がいる人は、事前に相談・根回しをしておくと、プライベートがうまくいくケースが多いようです。

わが家は、事前相談制をとっています。会社の守秘義務に触れない程度に「こんな案件をやろうと思ってるんだけど」と相談し、家事の分担について根回しをします。そこで家族の意見を聞いて、やめる場合もあります。修羅場案件が続くと、パートナーから「そろそろ次はやめたほうがいいんじゃないの」といった警告が出ます。

また、社内外で味方になってもらえそうな人には、修羅場案件に手を出す前に相談して、**アドバイスをもらっておく**といいでしょう。

自分が見えていない点はあるか、どうやったらうまく成功に導けるか、誰を押さえたらいいかなど、事前にできる限り情報を集め、自分なりのプランを作るためです。

❸ 日頃から業務量を削減しておく

三つ目は、日頃から業務量を削減しておくことです。

私の場合、修羅場案件をはじめ、想定外のトラブルに対応するために、**就業時間の三割を空けておく**ように心がけています。

三割のスケジュールの余裕があれば、突発的な仕事も引き受けられますし、新しいプロジェクトに挑戦する準備をしたり、将来の投資になる勉強をしたりする時間を作れます。

無駄な仕事をしていないかをチェックする機会にもなるので、四半期に一度は必ず自分のやっている仕事を振り返り、必要ないものはバッサリと切り、部下などに委譲できるものはどんどん委譲していくことです。

意志さえあれば、誰でも修羅場に挑める

自分には解決する自信がないから修羅場案件に手を出せない、と思っている方もいると思います。

私も、自殺者が出た大赤字プロジェクトにいた二十代の頃、「若い私に変えられることは何もない」と思ったことがあります。しかし、先輩の一言で目が覚めました。

「トラブっている案件を解決しようという意志のない奴は去れ。トラブルは自分一人で解決するわけではない。解決しようとする人がどれだけ必死になれるかだ。そして、そこで何を学び取り、次に生かすかだ」

もちろん、解決できない案件はあります。関係者が一〇〇％ハッピーになることもありません。それでも、解決する方向に持っていくことは、どんなメンバーであろうが、できることです。もっとも大切なのは、**たくさんの人を巻き込みながら、成功に導いていこうとする強い意**

志です。どんな人でもその意志さえ持っていれば、修羅場案件に参加する資格はあると思います。

実際に修羅場案件に飛び込んでみれば、こういったスキルを短期間で身につけることができるのだと知っていただければ幸いです。

また、修羅場案件に飛び込めなくても、日々の意識を変えることでも、ポータブル・スキルを磨くことはできます。

キャリアを前倒しして、「前進」させるために、必要なスキルをぜひ身につけてください。

特別対談

茅野みつる×秋山ゆかり「〝壁を越えられない〟女性に足りないもの」

本書は、おもに女性に向けて、働くなら責任あるポストを目指したほうが、自由に仕事ができるようになりますよ、というメッセージをお伝えしたくて書きました。

お読みいただければわかるように、ここに挙げたポータブル・スキルはすべて、職種、業種にかかわりないだけでなく、男女問わず必要なものです。女性に限らず、若い男性にも読んでいただけたらと秘かに願っております。

しかしながら、さらに〝上〟を目指すには、ここで挙げたポータブル・スキルだけでは対応できない多くの課題があります。

多くは男女問わず遭遇するものですが、相変わらず男性中心のビジネス社会。女性が、その環境でステップアップしていくためには、男性には無縁の障害もあります。

それを乗り越えるためには、プラスアルファのスキルが求められます。

詳しくは、同時発売したもう一冊の著書『自由に働くための出世のルール』（ディスカヴァー、二〇一八年）で述べますが、そのポイントを、大手商社では日本初の女性役員に最年少でなられた、伊藤忠商事の茅野みつるさんとの対談からご紹介いたしましょう。

茅野みつる（ちの・みつる）

茅野みつる 伊藤忠商事株式会社 常務執行役員／伊藤忠インターナショナル会社 社長
1966年オランダ生まれ。米コーネル大学法科大学院修了。カリフォルニア州弁護士。国際法律事務所のパートナーを経て、2000年伊藤忠商事入社、企業専属弁護士となる。執行役員　法務部長を経て2018年4月から現職。子供の頃の夢はクラッシック声楽家であり、今も折を見てリサイタルを開催する。
※本対談は2014年2月21日に行われたものです。（日経ビジネスオンライン掲載：2014年3月18日、19日）
対談当時の茅野みつる氏は伊藤忠商事株式会社執行役員法務部長です。

見返りを求めない人間関係の構築が大切

秋山　自分のキャリアを振り返って、どうしてキャリアアップできたのか、そしてどうして上司や経営陣が私を引き上げてくれたのかを考えてみたんです。

それはまず第一に、目の前の仕事を一つずつきちんとこなしていったからだと思います。それに加えて、社内での動き方、人の巻き込み方などが非常に大事だったと思いました。

茅野さんはいかがでしょうか？

茅野　私は、これまでのキャリアの中で、「人に大切にしていただいた」と強く感じています。だから「人の縁」を大切にしてきました。

それは、どの行動がどのポジションにつながった、という目に見えるものではありません。

挨拶のような日頃のコミュニケーションや、ビジネスとはまったく関係ない旅行先でのつき合いといったことの積み重ねです。

今振り返ってみると、あくまで結果的にですが、「あの人から紹介されたからその次の何かが起き、それがまた次につながってきた」ということが浮かび上がってきます。

お世話になった人には感謝する、そして連絡を続ける、そういうことが大切だと思っています。これは社内外、同じです。

私がとても尊敬している女性で、いつもサンキューカードを持ち歩いている方がいますが、彼女はちょっと時間があったりするとお礼状を書かれています。

秋山　以前いた会社でも、お礼状は持ち歩けと言われましたね。年に一〇〇枚ぐらい書いて当然だと上司から言われました。

茅野　今、私は法務関係の仕事に携わっていますが、法務の仕事以外で聞いた情報で、**自分の仕事には直結しないものでも、それが誰かの役に立ちそうなものであるなら、関係する人に伝える**ようにしています。

たとえば、女性の働き方の話なら、人事部にも情報を伝えます。

今のポジションがあるからこそ入ってくる情報というのはありますから、それは共有しようと努めています。

秋山　なるほど。しかし、入ってきた情報を意図的にコントロールしようという人もいますよね。

人事情報を特定の人だけに伝えるとか、メールのBCCを乱用したりといった、政治的な動きをする人です。

茅野　よかれと思ってやっているのでしょうけれど、〝操作しよう〟と動くのはよくないと思います。

「将来的にいいポジションが来るかもしれない」とか、そういう下心は持たないほうがいいと思います。

結局は、何が起きるかわかりませんし、そこは自然体が一番だと思います。


秋山　自分から情報を発信し続けることはとても大切ですね。そうすると、外から情報が入ってくるようになります。

私は管理職になった頃から、「関係ないかもしれないけれども、もしかすると興味があるかも」という情報はなるべく上司や関係者に出すようにしていました。

そうすると、向こうからも情報が返ってくるようになりました。


茅野　そうですね。やはり「人に興味を持つ」というのがとても重要なことだと思います。

私は、テレビアニメの「おさるのジョージ(Curious George)」が大好きなんです。おさるのジョージが身の回りのさまざまなことに興味を持って、毎回ちょっとしたトラブルを起こし、それを自分で考えて解決していきます。

たとえば、法務以外の営業の人の仕事にも興味を持って、エントランスなどで会ったときに、「あの案件はどうなっていますか」と聞くと、会議では得られない情報を得られることがあります。

常にほかの人に関心を持つ、そういう姿勢はとても大事だと思います。

秋山　茅野さんは、伊藤忠商事の中で人材多様化推進計画に参画していらっしゃいます。伊藤忠商事に中途入社されて、女性のシニアポジションが少ない中、新しいプロジェクトを推進していくのは大変だったのではないでしょうか。

人の巻き込み方や、コミュニケーションなど、考えなければならないことは多かったのではありませんか。

ダボス会議に出て「自分に何ができるか」を考えるように

茅野　二〇〇三年のダボスの世界経済フォーラムに出席したことが、私の中でとてもいい経験になりました。

「次世代のグローバルリーダー一〇〇人」（ヤング・グローバル・リーダー）に選ばれたので、はじめてダボス会議に行ったのですが、主催者のクラウス・シュワブさんに、「あなたはなぜ、この一〇〇人に選ばれたと思いますか」と聞かれまして、ビックリしました。

向こうが選んでくださったわけですから、普通であれば、そのような質問はこちらがするにしても、主催者側がすることは考えられないですよね。

ただ、その質問を受けて、「私に期待されていること」「私にできることは何なのか」をずいぶん考えました。それが、伊藤忠商事でメンタープログラム＊をはじめることになったきっかけです。

＊伊藤忠商事の人材多様化推進計画の中の一つ。

それまで法律事務所にいたときも、伊藤忠商事に入ってからも、女性だからということで不利に感じたことはありませんでした。「よい仕事をすれば結果は伴う」と信じてきたので、あんまり「女性が……、男性が……」と言うのは好きではありませんでした。

ですが、よくよく考えてみたら、「次世代のグローバルリーダー一〇〇人」の中で日本人の女性は私だけです。

ダボス会議に出席しているほかの日本人女性は、当時、緒方貞子さんぐらいでした。緒方さんは政府関係の方ですから、日本企業で女性の立場で発信できるのは、私しかいないと思ったのです。

それで、シュワブさんに「日本企業で働く女性のために私にできることは何かある。それが私に与えられている役割だ」と答えました。

これが出発点ですね。帰国したら、すぐ当時の社長にメールを送りました。ダボス会議での発言内容の報告と、社内で女性がさらに活躍できる場を作るために何ができるのかについてアドバイスを求めたのです。

まずは、**自分が置かれている立場をよく考えて、自分に何ができるのかを考える。**何をしてもらうかよりも、自分に何ができるかを考えるという姿勢がすごく重要だと思います。

たとえば、育児等のライフイベントで長期間休みを取得するような状況でも「自分には何ができるのか」を常に考える。そういう姿勢は組織において重要だと思います。

相談できる人、お手本を見つけることがとても大切

秋山 「自分に何ができるのか」が出発点だとすると、「それをどうやって実現していくか」が、次のチャレンジになってきますね。ここを越えられない女性がとても多いのではないかと思います。

茅野 私は「メンター」の存在がすごく大事だと思っています。

自分の仕事やキャリアの手本となってくれる人。指導やアドバイスなどをしてくれる存在です。

ハーバード・ビジネス・スクールの調査結果でも、メンターを持っている人のほうが組織の中で昇進する率が高いということも示されています。これは男性、女性にかかわらず言えることです。

メンターが失敗を経験していれば、自分はそれをしないわけですし、成功体験を持っていれば、自分もやってみようという気持ちになります。

まずメンターを持つということが大事だと

思います。女性の場合は特にメンターを持つということが重要です。

シニアマネジメントのポジションになってくると、メンティー（指導・支援を受ける側の人）を持ち、自分がメンターとしてメンタリングをすることで、自分の役割を認識することも重要になってきます。

「いいな」と思う人がいたら誰でもメンターにすればいい

秋山　茅野さんは、メンターをどう選んだのですか。

茅野　私の場合は、いいなと思ったら、その人を勝手にメンターと思っています。相手はメンターだと思ってないかもしれませんけど、自分の中でひそかにメンターにしている人はたくさんいます。

会社組織としてメンター制度を整えて、メンターを指名していくことも重要ですが、仮にそういった制度がなかったとしても、自分で実践できることだと思います。徒弟制度のような堅苦しいものとは考えないほうがいいと思っています。

一人ですべてのお手本になってくれる人物を見つけるのは、なかなか難しいので、ある人のこの部分を私のメンターに、という感じで複数の人をお手本にしています。

毎朝、出勤時に同じお店でコーヒーを買うのですが、そこに「今日もカフェラテですか」と言ってくれるすごくかわいい女の子がいます。

私は、それがすごくいいと思うんですね。お客さまの好みをちゃんと覚えて気持ちよく対応してくれるのですが、それだけでも見習いたいと思います。

世の中には、緒方貞子さんや国際通貨基金（IMF）専務理事のクリスティーヌ・ラガルドさんのようなすごい方もいらっしゃいますが、そんなに遠い存在の人でなくても、自分よりも年下でも、少しでも「いいな」というところを持っている人を見つけてメンターにしています。

秋山　私もまったく同じです。一人の人にすべてを求めることはできないと思っていて、周りに「いいな」と思う人がいたら誰でもメンターにしてしまいます。年齢も男女の性別もポジションもあまり関係ないですね。

会社からこの人とアサインされなくても、私はメンターってたくさん持てると思っているんですけれども、人によっては会社からアサインしてもらいたいという方もいますよね。そういう人にはどうしていますか。

茅野　伊藤忠商事の場合は、人事部が中心になってペアリングをしました。メンターとメンティーのペアリングということではじめての試みでしたので、メンターのトレーニングもしました。

メンティーのためだけのメンタリングではなくて、メンターになる人もメンターになる要素があることを認識してもらうのが目的の一つでした。

こうした取り組みは、メンティー、メンターともに効果があったと思います。

秋山　メンターをアサインするときのポイントは何かありますか。

私が過去にいた会社では、人事的にあまり絡みのない人で、昇進や転職を考えているときに、人事側に漏れないような配慮がされていました。

茅野　何でも話がしやすいように、同じラインでない人をペアリングしました。

秘匿性はとても重要ですので、会話の内容は報告義務もありませんし、外に漏らしてはいけないと最初に理解してもらうところからはじめました。

メンターだけでなくスポンサーも必要

秋山　私はメンターだけではなくて、昇進していくに当たっては「スポンサー」＊という存在もすごく大事だと思います。

＊ここでいうスポンサーとは、自分の能力を理解してより上のポジションに引き上げてくれる存在のこと。

実際に『ハーバード・ビジネス・レビュー』でも、メンターだけで昇進していくのは非常に難しく、引き上げてくれるスポンサーが必要だという話も出ていました。

スポンサーがいる人のほうが男性、女性にかかわらず、新しいビジネスに挑戦したり、より上のキャリアを目指すというデータが出ています。

茅野さんご自身は伊藤忠商事の中でスポンサーは見つけられたのでしょうか。

茅野　今思えば、私の元上司がメンターでもあり、スポンサーだったと思います。

秋山　両方の人もいればメンターだけの人もいると思いますし、スポンサーだけの人もいますよね。

茅野　私の場合、伊藤忠商事に入る前はアメリカの法律事務所にいたので、日本の組織のことをよくわかっていなかった。そんな中で、上司には、本当に小さなことからいろいろと教わりました。

たとえば、私はその当時スタンプ式のハンコを使っていたのですが、「茅野さん、スタンプ式のハンコは恥ずかしいからやめなさい」と。

普通の社員だったときはよかったのかもしれませんが、そのとき私は課長でした。言われて周りを見ると、みんなきちんと印鑑を作成して使用していることにはじめて気づきました。

そういうことは、言ってもらわないと気づかないですよね。ビジネスマナーにはじまり、スポンサーとしていろんな意味で、多くのご指導をいただいたと思います。

秋山　スポンサーを見つけていない方や、上司とそりが合わなくて、いま一つ伸びきれない人も組織の中には多くいます。

そういう方々はどういった形でスポンサーを見つけていけばいいと思いますか。

茅野　社外活動をしたらいいと思います。「社内は忘れて」とまでは言いませんけれど、**社内でのポジションや昇進等にとらわれず、社外の人と親しくなることを通じて、自分自身も、自分の組織も客観的に見られる**ことがあると思います。

自分の置かれている立場ですとか、それが思うほど大変なものなのか、そうでないのかもよくわかると思います。

まずはいろいろなコミュニティに参加するのがとても重要だと思います。

まずは自分の仕事をきちんとやる、それが大事

秋山　私自身はあまり昇進を考えていませんでした。一つずつ目の前の仕事をやっていいっ

たら、大きな仕事が成功していって、引っ張り上げてくれる人がいて、エグゼクティブ・クラスに上がっていったという過程があります。

最初は、スポンサーって考えていなかったんですが、エグゼクティブ・コーチがつくようになって、「もっとスポンサーのことを考えなさい」と言われ、スポンサーが必要なんだと気づかされたんです。何もかも手取り足取り会社がシステマチックに教えてくれたわけです。

ただ、そういう機会を得られる人は恵まれています。どうやってスポンサーを探していったらいいんだろうと、悩まれている方は多いんじゃないかと思います。そもそも、スポンサーを見つけるという考えに至らない人も多いでしょうし。

私は目の前の仕事をきちんとする、あれもしたいこれもしたいとよそ見をせずに、きっちりやることが一番の近道なんじゃないのかなと思うんですね。

茅野　まったく同感です。まずは自分の仕事をきちんと行うことから、いろいろなことがはじまっていくと思います。

以前、法律事務所にいたときの話ですが、弁護士に求められることはマーケティングでした。

法律事務所もビジネスなので、法律事務所にいる弁護士は営業もやる。仕事を待っているのではなく、自ら、新しいお客さんを探しに行くわけです。

ただ、法律事務所に入ったばかりの若い頃は、まずは法律家としていい仕事をすることに集中しなさいと言われました。

そのときに言われたのが、「車のトップセールスマンになりたいと思ったら、まず車がどのように造られ、どういう機能があるかを理解しないといけない」ということです。会社組織の中でも同じだと思います。

秋山　私は、その部分にかなりこだわっていました。実績を出してはじめて会社の役に立つわけですから。

人によく見られたいとかいうことよりも、まずは役に立つようになってから後のことを考えようと思っていました。

茅野　おっしゃる通りだと思います。

「ポジションなんかどうでもいい」は違うのでは？

茅野　多くの女性には、「いい仕事をすれば別にポジションなんかどうでもいい」と、ポジションにこだわらなさすぎる傾向もありがちです。

でも、それはそうじゃないと思います。いい仕事をしてポジションが与えられるか、またば自分で見つけにいくかになりますが、そのポジションの大切さも、会社組織の中ではきちんと認識する必要があります。

「あなたをあるポストに就かせたい」と打診しても、断ったり、ひるんでしまったりする女性が多いです。

ある程度、きちんと仕事ができるようになったら、その次には、自分が属している組織のポジションがどういうもので、そのポジションに上がっていくことがどういうことを意味するかも考える必要があると思います。

秋山　私も、自分の部下を昇進させようとして話をしたら、断られたことがあります。そのときに、「秋山さんはなぜ本部長職をやっているのか」と聞かれたんです。

そのときに改めて考えたのですが、**課長だったときに見えなかった世界が、部長になると見えるようになった**ということがあります。より大きなものを動かしていくこともできるし、より自分が会社のゴールの近くで仕事をしているということが感じられる。

昇進すると、「自由がなくなる」と思うかもしれないですが、私自身の経験では、**課長時代よりも部長時代、部長時代よりも本部長時代のほうが自由度は高くなっていった**と思います。

責任は当然重くなるので、「このプロジェクトを一本失敗すると、いったいいくら飛ぶ？」と、金額に換算するとドキドキしたこともありました。

それでも、昇進することによって見えてくる世界があることを、能力がある女性にもっと知ってもらいたいなと思っています。

　それをシニアマネジメント層近くにきた人に発信していくのは、すごく大事なことだと思いますね。

茅野　その通りですね。私が執行役員になったときに、父から「ポジションが高くなると山登りと一緒で風当たりが強くなるけれども、その分景色がよく見えるようになる」と言われました。

　つまり、**組織の上に立つと物事がより広い視野から見られるようになりますし、その観点からの自分の役割が見えてくる**ということだと思います。

　その組織のために自分に何ができるのか、組織をどうやって発展させることができるのかを考えるいい機会です。

　また、組織の上に立ってみると、自分一人だと思っていたところで、周りがすごく助けてくれるというのもあります。そういう喜びも感じています。

女性マネジメントにイメージ戦略は必要不可欠？

秋山　私がシニアマネジメントに上がったときに最初に会社から言われたのが、「イメージをもっと考えろ」でした。

イメージ戦略を作れということなんです。それをきっかけに、服装をはじめ、いろいろなものを変えていくことになりました。

茅野　私も、以前はあまりイメージ戦略を考えたことがありませんでした。二〇〇七年にイェール大学のエグゼクティブ・プログラムへ行き、はじめてメディア・トレーニングというものを受けました。そのときに、「どうテレビに映るかを意識しろ」と指摘されましたね。

そのときは、横縞のスーツを着て、髪も長かったのですけれども、アメリカ人のメディアトレーナーは「それじゃダメだ」と。「フェミニンに見えすぎるから、真珠もダメ」と言われました。もう少し、強いイメージを見せられるように考えなくてはいけないと言われたわけです。

そういう意見を聞くことは大切だと思いますが、必ずしもそのまま従う必要はなく、そういう見方もあることを意識すればよいと思います。

秋山　私の場合は、いかにもコンサルタント出身のタフすぎる感じなので、もっとフェミニンサイドに寄せてくださいと会社から指示がありました。

「髪の毛はもうちょっと長めにして、洋服は全部スカート系にして、パールもつけて」と、指導されました。それをきっかけに、フエミニン路線に変えていきましたね。会社曰く、アジア人の女性に対する世の中のイメージはそこまでハードではない、と。

言っていることはタフのままでかまわないけれど、見た目はフェミニンにしろと言われました。なるほど、そういう考え方もあるのね、と思いましたね。

茅野　それは外資企業のときですか。

秋山　外資のときです。インターナショナルなビジネスでしたが、アジアを含めた日本も担当に入っていました。

茅野　どう見られるかは、国によってもすごく違いますよね。

私の場合は、アメリカのメディアトレーナーから言われたわけですが、彼からすると私はフェミニンすぎて、自信が足りないみたいに見えたわけです。そうはいっても、彼の言う通りのことを日本でしたら、あまり受けがよくないかもしれません。

自分を客観的に見る。それも状況によって、自分がどう受けとめられる可能性があるかを考える、というのがポイントだと思います。

つい先日、ある会合の際に、英語で話をしたことがありました。

そのときに、「茅野さんは伊藤忠の中ではすごくアメリカン、外国育ちで帰国子女、そういったイメージで見られているのではないですか」と質問を受けました。

そのときは、「やはり英語で話をしているときは、日本語で話をしているときの自分と違う」と答えました。話す相手や状況にもよりますが、アメリカ人に対しては相当アグレッシブにいかないと話が通じないですから。

秋山 私は、英語と日本語では、声の高さも変えていますよ。

茅野 そうですね。そういうのもありますよね。

秋山 イメージ戦略で私が悩んだのは、あなたはフランクすぎる、威圧感がないとよく言われたことです。

最近は、そのフランクさが年下の人からも相談しやすいと言われるし、いいところなんじゃないかなと思うようになってきましたけれども……。

私はキャラクターを作り込みすぎると必ず失敗すると思っています。本来の自分がいて、そのときどきの状況に合わせて、どの部分を強調するかというやり方を考えていきましたね。

先ほどのお話だと、英語で話す茅野さん、日本語で日本人のオーディエンスに対して話す茅野さんというのがあると思います。また、年齢や、男女のミクスチャーによっても違うんじゃないでしょうか。
そのあたりで、社内で気をつけられていることはありますか？

茅野　一つ気をつけていることが、誰のことも「さん」づけで呼ぶことです。男性も女性も年上も年下も全員に同じ言葉遣いをします。

秋山　それはなぜですか。

茅野　たとえば女性だということだけで、過度にフランクな話し方をされ、あまりいい気がしなかったという経験があります（笑）。

あと、日本語の場合は、いろいろな言葉の使い分けによって、自分が相手方をどのように考えているのかがわかるところがあります。それが日本語という言語なわけですけれども、そこはあまり好きではありません。

英語のカルチャーから来ているところもあるかもしれませんが、相手に対しては平等に接したいし、相手にもそうしてほしいと思っています。それで、できるだけ誰に対しても同じ言葉遣いで話すようにしています。

秋山　それは部下に対しても同じなのですか。

茅野　そうです。まったく同じです。今日、秋山さんと話しているのと同じ話し方を、誰に対しても会社の中ではしています。

秋山　会社の外では。

茅野　会社の外ではものすごくフランクに話しています。

あるとき、たまたま電車の中で、母とぺちゃくちゃおしゃべりをしているところに、私の同僚が居合わせたことがあって、「茅野さん、ああいう話し方もできるんですね」と言われたことがあります（笑）。

秋山　仕事をしている中でお客さまだったり、社内の中で、とても親しくなる人って出てくると思うんですけど、それでもその人に話し方は変えないんですね。

すごいですね。私の場合は、だんだんカジュアルになっていくタイプなので。

茅野　それは、秋山さんが大ボスだからではないですか（笑）。

秋山　いえいえ（笑）。

仕事に直結しなくても、社外に出てみるのも大切

秋山　社内、社外を含めて、人のネットワークはどのように作っていらっしゃいますか。

私が以前いた会社でエグゼクティブ・プログラムを受けたときに一番驚いたのは、「あなたのこの仕事をするためにはこういうネットワークが必要」「あなたのキャリアをサポートするにはこういうネットワークが必要」と、アメリカの上席副社長をはじめとする経営陣と一緒に座って、名前を書き出したことです。

その人に対してどうアプローチするのか、その人が求めるものに対して自分は何ができるのかなど、アクションプランを作っていきました。

ネットワークってこうやって作るものだと、手取り足取り教わったんです。これにはすごく驚きましたね。

茅野　私の場合は、全然戦略的ではなかったです。

でも、なるべくいろいろなところに行こうと、法律のセミナーにはもちろん行きますし、私の部署の人にもどんどん行くようにと言っています。

直接すぐに仕事に役立たなくても、同じ業界の人がいるところに行くことはすごく大事だと思っています。

外資系企業の人と情報交換をするのもすごく大事なので、異業種フォーラムみたいなところには行くように勧めています。

外資とは、カルチャーがだいぶ違うと思います。それがよいとか悪いとかいうことではなくて、会社人生がすべてではないと。

やっぱりいろいろなことの全体像を総合的にとらえていくことが重要だと思います。

秋山　セミナーはいろいろあるので、私はどんどん行っちゃうほうなんですけど、新しいところへはなかなか踏み出せない人もいるので、そういう人にはどう背中を押してあげたらいいのかなって思います。

茅野　そうですね。先ほどの「おさるのジョージ」ではないけれども、興味を持つのはすごく大事なことだと思います。

だから仕事にすぐつながりはしないけれども、行ってみようかということを常に考えるということだと思います。

秋山　仕事につながってないようで、仕事につながるものって私はすごく多いと思いますし、つながらなくても学びって必ずありますよね。

社内政治にはどういう姿勢で臨めばいい？

秋山　今までの自分のキャリアを振り返って、あのときにこうすればよかったなとか、こういうことを先に知っておけばもうちょっと動き方が変わったのになということって何かありますか。

私は社内政治で派閥闘争に巻き込まれて、自分のクビが飛んだことがあります。

前の社長以下全員退職に追い込まれました。もうちょっと早めにそれをわかっていれば、もっとうまく立ち回ることができたかなと後で考えることもあります。

ただ、立ち回りたかったかというと、「いや、そこまでやりたくなかったなぁ」という両方の思いがあります。

茅野　私はポリティクス（社内政治）には深入りしないほうがいいという考え方です。ただし、これは立場によって違ってくると思います。

二〇一三年の二月に「茅野さん、社長が呼んでいるから来てください」と言われて、何で呼ばれているのかが全然わかりませんでした。

そうしたら、執行役員にしていただくという話だったので、もうビックリしました。

後で周りの人の話を聞いてみると、役員人事の時期などをよく知っている人もいますが、個人的には、そういうことは必要じゃないと思います。

まず、仕事に集中することがすごく重要だと思いますので、あまりポリティカルなところにはかかわるべきじゃないと思っています。

ただ、組織の上に立つと、部下のことや、その人をいいポジションに就けるために何かしないといけないとも考えるようになりました。自分のためではなく、組織のために、そして、自分の組織の中にいる人が次によいポジションにいけるようにするためです。

今度は、**自分がスポンサーになるというわけで、それにはポリティクスにも興味を持たなくてはいけないのかな**ということを、最近実感しつつあります。

秋山　ポリティクスって悪い表現ととらえる方が多いと思うんですが、そうではないと思うんです。

そもそも、**ポリティクス＝社内政治は、「仕事を遂行するために行っている活動」**なわけで、**情報のコントロールだったり、足の引っ張り合いではない**ですよね。

ただ、そこを間違えてしまうと、役員人事の情報だとか、うわさなどに詳しくなるだけになってしまったりしますよね。

自分と自分の組織、チームを持った以上、自分のチームを守っていかなければいけない。そのチームが会社の成長に貢献しないといけないと私は思っているので、そのためには自分の部下をいいポジションに就かせるだけではなく、自分のチームが会社の成長に貢献するための〝動き方〟は、必要になってくると思います。

私の場合は、課長から上に上がっていくタイミングで、会社のゴールに自分のチームを合わせていく方向に動くように、私自身が変わっていったと思います。

社内に対しての情報の伝え方や、自分の部署の見せ方だったりというのは、どういうところに気を使われているんでしょうか。

茅野　ある一定の組織長以上になってくると、三六〇度アセスメントというのがありまして、その中で、私のビジョンをもっと語ってほしいとか、そういう要請が結構あります。

それに応えて法務部がどういう部署でなければならないと考えているのかを、相当意識的に部会等で発信するようにしました。

私が思っていることを上司に伝えたこと、それからそれに対して、その上司が私に答えてくれたことも、みんなと情報共有しています。

私の部には九つの室があり、私一人だけではなく、それぞれの室長たちとも一緒にいろいろなことを考えるようにしています。合宿はしていませんが、一緒にご飯を食べに行ったりはしています。

秋山　私、何度か合宿をやったのですが、最後に本音ベースの話が出てきたりして、やってよかったなと思いましたね。

女性は自分をアピールするのが苦手

秋山　伊藤忠商事の女性社員を日々ご覧になっている中で、「社内の動き方」で気になる点はありますか。

茅野　気になるのはコミュニケーション、特に「**自分のことをいかに伝えるか**」です。

この間、伊藤忠商事に内定した学生たちが集まる機会があり、いろいろと話を聞きました。

そういう場で、男子は自分を上手にアピールできます。たとえば、「どんな状況でも会社に自分の人生を捧げます」ということを自然に言います。女子のほうはそれを聞いて、すごくひるんでしまって、「やっぱりここは自分には務まらないのではないか」などと話すわけです。

もちろん、その学生だってそれが一〇〇%本心ではないわけですが、そういう場で気持ちを伝えるのは男性のほうが上手です。

女性の場合は、まじめで思ってもないようなことを口にできない人が多いのです。いい意味でも悪い意味でもナイーブなところがあります。

たとえば、男性の上司にどうやったら自分の意見を伝えられるのかというコミュニケーションがすごく重要になってくるのですが、そこがうまくできない。これが気になります。

最近よくある男性、女性の働き方みたいな話の中で焦点となるのが、「男性の上司が女性の部下にどうやって話すのか」というところです。

そういうトレーニングは増えてきていますが、その逆もすごく重要だと思います。

具体的に言えば、女性社員が、時短勤務で早く帰らなくてはいけないときに、どういうことを言うことによって周囲の理解を得ていくかなどですね。

また、休みを取ったりすると、その部署には負担をかけることになるわけですが、どういうことをすれば別の形で貢献できるかなども、理解、合意してもらうことが必要です。

ですから、**待っているのではなくて、自ら提案していく「提案型キャリア」ということを、ぜひ考えてほしい**と思っています。これは社内でもかなり言っていることです。

日本の企業はとても女性社員に対して優しいです。優しいのはいいことですが、それだけではダメです。

女性にもいろいろと期待しているわけですし、戦力ですし、そのことを女性自身が認識して、自分のキャリアに対するコミットメントをきちんと持つことは重要だと思います。

茅野さんとの対談から、シニアマネジメントとして育っていくために必要なスキルが見えてきたのではないでしょうか。

社内外にネットワークを作る、メンターやスポンサーを持つ、そして、自分を正しく伝えるすべを持つ――。言われてみれば当たり前に思えるかもしれませんが、戦略を持たずにただ闇雲に走っているだけでは身につくものではありません。今回の特別対談が、戦略的にスキルを身につけていくためのヒントになれば幸いです。

おわりに

本書は、日経ビジネスオンラインでの連載「秋山ゆかりの女性キャリアアップ論」の内容を「どんな業界でもどんな仕事でも絶対に必要となるポータブル・スキル」という軸にそって再編し、加筆修正してまとめたものです。

私はこのポータブル・スキルの多くを大企業に勤務しているときに身につけました。

世の中には、二十代で起業をして成功を収めている人がいます。ベンチャーへ就職することをおススメしている人もたくさんいます。

しかし、私はあえて、ある程度大きい、それなりに歴史のあるグローバルに展開している企業を就職先に勧めています。

現在大きな組織にいて、「社内の自由度がない」とか「未来が見えづらい」という理由で転職を相談されたときには、「大きい組織のメリットを享受し尽くしてから辞めましょう」と言っています。

大きい会社には組織が硬直化しているとか、自由が利かないというデメリットはあります。しかし、大きい組織だからこそ研修制度も整っているし、社内には新入社員から定年間近の人、定年後再雇用されている人など、年齢・性別・国籍など多様な人材がいます。産休・育休制度をはじめ、福利厚生も充実しています。副業解禁の流れもあり、大きな会社に属しながら、ベンチャーやＮＰＯなどで副業しながら経験を積むこともできます。

大きい会社で学べるものは想定以上にあるので、それらを学び取ってから、次を考えるほうがいいでしょう。

私は大きな官僚的な組織で働いたからこそ、社内政治をはじめ、経営層として上がっていくのに必要な多くのスキルを身につけられました。

そして、それがその後のキャリアで役立っています。スーパーサラリーマンになってから組織を離れることで、身につけられることも多いのです。

もう一つ大切なことは、どこにいても、自分のキャリアは自分で意識的に作っていくことです。

私は「仕事も家庭もほしい」という、ものすごく大雑把な目標しか持ってきませんでした。二十代前半で離婚を経験し、一人で生きていく可能性も考え、自分の力できちんと立てるだけの経済力をつけるという目標として、年収一〇〇〇万円を稼げるようになると設定したときから今まで、「私は××を解決するためにこの仕事をするんだ!!」という強い使命感を持って仕事をしてきたわけではありません。

どちらかというと、「ずっと稼ぎ続けるために、ずっと仕事をし続けるために、未来の選択肢を狭めない、今いる組織に貢献できるようになる」という仕事の設定でした。

もちろん、仕事でこういうスキルが必要だから身につけるとか、組織にいる以上はちゃんと昇進をして大きな仕事をできるようにしていくなど、こうなりたいという像はきちんと描いてきました。

昇進していくことで、見える世界は大きく変わるし、仕事の楽しさの内容が変わっていくことや、どんどん自由に仕事ができることに大きな魅力があり、組織の階段を上ることが私の一つの目的だったことは間違いありません。

その後、独立をし、実は今、自分が向かっている先がよく見えていません。独立をしたのにもかかわらず、何か大きな事業を立ち上げるわけではなく、「この目的のために私は走っているんだ！」と実感できるビジネスをやっているわけではありません。企業の伴走者として自分の持っているスキルを提供しながら仕事を続けています。

しかし、この状態でも、私はこれからも自分のキャリアの選択肢を狭めないために、そして、社会人として成長していくために、必要なスキルを定義し、一つずつ身につけながら前に進んでいます。

二十代で子どもがほしかったにもかかわらず、子どもを授かることができず、三十代は流産を繰り返しました。四十歳になり、もう子どもはいなくてもいいかなと私が思いはじめた頃、夫から「どうしても自分たち二人の子どもがほしい。積極的な不妊治療など、できることをやり尽くしてから諦めたい」と言われ、彼がどれだけ子どもをほしがっていたかを改めて感じました。

そして、予定よりもずいぶんと遅くなった四十二歳のときに出産となりました。四十代での出産は、肉体的に非常につらいものがありました。両親は高齢となり、私たちが両親の介護や病気のサポートに入ることはあっても、私たちの出産や育児にあたりサポートをもらうことはできません。

仕事はある程度自分が狙ってスキルをつけていくことができるけれども、ライフイベントは本当に自分でコントロールできないのだなぁと思います。

妊娠中から十八ヵ月にわたる激しい保活の末、待機児童を経て保育園に子どもが入りました。平日夫が忙しくて私がワンオペで子育てと家事を回す日々に、子育て関連の社会問題をとても身近に感じています。

私がこのような状態でも、前倒しでキャリアを築いてきたことで、仕事のステップダウンにならずスローダウンのキャリアを作れているのだと思います。

また、スタッフ職や中間管理職だからではなく、マネジメント職に就いているので、自分の裁量で時間を使えることも大きいでしょう。

だから、あえて若い女性たちに伝えたい。

ほしいものは何一つ諦める必要はありません。でも、諦めないならば、どこかで前倒しして多く経験しておき、「太く濃く仕事を積み重ねる時期」と「細く着実に進む道」の両方を組み合わせる方法を戦略的にとってください。


声楽家としてのキャリアについては、出産のタイミングでちょうど声変わりの時期を迎えはじめたこともあり、引退を考えたのですが、夫から「辞めるのはいつでもできる。休業にしなさい」とアドバイスを受け、一時お休みしていました。

子どもが小さいうちは夜の時間が多いコンサート活動には戻れないし、子どもからうつる風邪なども多く、自分の体調コントロールができないので、やはり引退かな……と思っていたときに、公園で子どもに歌っていたのを見たとあるテレビ局のディレクターさんに声をかけられ、テレビで歌う仕事を少しずつするようになりました。

歌う＝舞台だと思っていたのですが、今は違う媒体でも、歌い続けていれば、また舞台に戻る日につながるのだろうな、キャリアは続くのだなと実感した出来事です。

ほしいものはほしいでいい。

自分が幸せだと思う仕事の仕方も、プライベートの生き方も、どうやって手にいれていくのかを考えられるのは自分自身だけです。

未来は今の延長線にしかありません。今日がんばってやっていることは、十年後の自分につながっているのです。

この本を読んでくださった読者のみなさま、本当にありがとうございます。

この本が、みなさまのキャリアを構築する際のヒントになれば幸いです。私の娘はちょうど二十年後に社会人になります。彼女が社会人になるときに、もっと女性が働きやすい時代となっていることを切に願います。

最後に、日経BP社の飯村かおりさん、小野口哲さん、瀬戸久美子さん、本書の企画から編集までを担当してくださったディスカヴァー・トゥエンティワン社長の干場弓子さん、編集部の木下智尋さん、杉田彰子さん、アップルシード・エージェンシーの鬼塚忠さん、エディットブレインの上野郁江さんには大変お世話になりました。週末に執筆に専念できるように娘の面倒を見てくれた夫には、ありがとうの言葉だけでは足りません。

そして何よりも、私を成長させてくれた「会社」と「仕事」に心からの感謝をしています。

読者のみなさま、最後までお読みいただき本当にありがとうございました。

二〇一八年三月

秋山　ゆかり

秋山ゆかり　Yukari Akiyama

事業開発コンサルタント
イリノイ州立大学アーバナ・シャンペン校(UIUC)情報科学・統計学部卒業。奈良先端科学技術大学院大学修士(工学)。UIUC在学中に、世界初のウェブブラウザーであるNCSA Mosaicプロジェクトに参加後、世界初の音楽ダウンロードサービスやインターネット映画広告サービス等の数多くの新規事業を立ち上げ、インターネット・エンジニアのキャリアを重ねる。ボストン・コンサルティング・グループの戦略コンサルタント、GE Internationalの戦略・事業開発本部長、日本IBMの事業開発部長を歴任。2012年に戦略・事業開発コンサルティングを行う株式会社Leonessaを設立。内閣府 総合科学技術・イノベーション会議 重要課題専門調査会 地域における人とくらしのワーキンググループ 委員(2015年～現在)など各種政府審議会委員などを務める。明治大学サービス創新研究所客員研究員。芸術思考学会副会長。声楽家としても活動し、テレビ朝日「題名のない音楽会」では「奇跡のハイヴォイス」と評される。主な著書に、『自由に働くための出世のルール』『ミリオネーゼの仕事術【入門】』(ともにディスカヴァー刊)、『考えながら走る』(早川書房)、『「稼ぐ力」の育て方』(PHP研究所)、『キャリアアップEnglishダイアリー』(ジャパンタイムズ)などがある。

秋山ゆかりHP
http://www.yukari-akiyama.com/

著者エージェント
アップルシード・エージェンシー

本書への感想はこちらにお寄せください。
book@office-akiyama.jp

自由に働くための仕事のルール
父がわたしに教えてくれなかったこと

発行日 2018年5月25日 第1刷

Author	秋山ゆかり
Book Designer	グルーヴィジョンズ
Publication	株式会社ディスカヴァー・トゥエンティワン 〒102-0093 東京都千代田区平河町2-16-1 平河町森タワー11F TEL 03-3237-8321(代表) FAX 03-3237-8323 http://www.d21.co.jp
Publisher	干場弓子
Editor	干場弓子 木下智尋 杉田彰子
Marketing Group Staff	小田孝文 井筒浩 千葉潤子 飯田智樹 佐藤昌幸 谷口奈緒美 古矢薫 蛯原昇 安永智洋 鍋田匠伴 榊原僚 佐竹祐哉 廣内悠理 梅本翔太 田中姫菜 橋本莉奈 川島理 庄司知世 谷中卓 小木曽礼丈 越野志絵良 佐々木玲奈 高橋雛乃
Productive Group Staff	藤田浩芳 千葉正幸 原典宏 林秀樹 三谷祐一 大山聡子 大竹朝子 堀部直人 林拓馬 塔下太朗 松石悠 渡辺基志
E-Business Group Staff	松原史与志 中澤泰宏 西川なつか 伊東佑真 牧野類 倉田華
Global & Public Relations Group Staff	郭迪 田中亜紀 奥田千晶 李瑋玲 連苑如
Operations & Accounting Group Staff	山中麻吏 小関勝則 小田木もも 池田望 福永友紀
Assistant Staff	町田加奈子 丸山香織 小林里美 井澤徳子 藤井多穂子 藤井かおり 葛目美枝子 伊藤香 常徳すみ 鈴木洋子 内山典子 石橋佐知子 伊藤由美 小川弘代 畑野衣見 森祐斗
Proofreader	株式会社鷗来堂
DTP	アーティザンカンパニー株式会社
Printing	日経印刷株式会社

ISBN978-4-7993-2262-8